SO-AQM-538

JUN 2 2011

SENTIRSE BIEN
Y SER FELIZ

La salud y la felicidad son un todo

SENTIRSE BIEN Y SER FELIZ

La salud y la felicidad son un todo

José Francisco González Ramírez

ROUND LAKE AREA
LIBRARY
906 HART ROAD
ROUND LAKE, IL 60073
(847) 546-7060

Copyright © EDIMAT LIBROS, S. A.
C/ Primavera, 35
Polígono Industrial El Malvar
28500 Arganda del Rey
MADRID-ESPAÑA

ISBN: 84-9764-321-6
Depósito legal: CO-1154-2004

Colección: Superación personal
Título: Sentirse bien y ser feliz
Autor: José Francisco González Ramírez
Diseño de cubierta: Visión Gráfica
Impreso en: Graficromo S. A.

Reservados todos los derechos. El contenido de esta obra está protegido por la Ley, que establece penas de prisión y/o multas, además de las correspondientes indemnizaciones por daños y perjuicios, para quienes reprodujeren, plagiaren, distribuyeren o comunicaren públicamente, en todo o en parte, una obra literaria, artística o científica, o su transformación, interpretación o ejecución artística fijada en cualquier tipo de soporte o comunicada a través de cualquier medio, sin la preceptiva autorización.

IMPRESO EN ESPAÑA – *PRINTED IN SPAIN*

INTRODUCCIÓN

Sentirse Bien es a lo que estamos abocados los seres humanos, pero para llegar a ello debemos actuar con un estricto equilibrio en relación a la vida.

Hemos considerado, como terapias alternativas, el ir reflexionando sobre diversos aspectos relacionados con el estado de *Sentirse Bien*.

La reflexión, cuando permite deducir ideas fundamentales, es la mejor terapia para producir cambios en nuestras vidas. Si uno pudiera cambiar la actitud y el pensamiento que tiene sobre las cosas también cambiaría el comportamiento y la conducta. Ésta es la fuerza de las ideas.

Con este esquema de trabajo nos hemos planteado indagar y sacar conclusiones sobre la idea de la felicidad. Un concepto ambiguo que empleamos en nuestras expresiones cotidianas, como un deseo, o un regalo, que nos deseamos y queremos también para los demás.

—Te deseo mucha felicidad —decimos.

Una de las ideas más importantes consiste en llegar a la conclusión de que la felicidad está unida al plano social, sin el cual nada tiene sentido. Lo deseable para que se dé la felicidad es que YO ESTÉ BIEN Y TÚ ESTÉS BIEN, que es la idea central del análisis transaccional.

Otra forma de buscar el estado de *Sentirse Bien* consiste en rastrear el camino que nos brinda el dicho popular que hace énfasis en tres necesidades humanas, el deseo de tener: ¡Salud, dinero y amor!

Cada uno de ellos es un capítulo del libro. No tratamos de agotar ninguno de los tres conceptos, se hace simplemente una reflexión particular del autor, que quiere aportar una perspectiva más a este debate.

Comenzamos con el amor, seguimos con el dinero y terminamos con la salud. La idea más importante sobre el amor es la de DARSE SIN ESPERAR NADA A CAMBIO; al hilo de la concepción de Fromm sacamos conclusiones que pueden ayudarnos a concebir una idea del amor quizá diferente. Al dinero lo vemos como uno de los aspectos en que está fundamentada nuestra sociedad, de la que hacemos una crítica severa, por el sentido economista que se le da ahora a casi todo. Y por último, la salud como un aspecto esencial de equilibrio total del hombre, sin menospreciar que su falta puede vigorizar la experiencia humana, sabiendo que, en cualquier caso, dicha situación no es deseable.

Están los estados interiores que nos llevan a expresar la alegría de la vida; uno de ellos es el sentido del buen humor y su expresión más clara y evidente está en la sonrisa (actitud socializadora) y la risa (actitud inhibidora de tensión). Tres planos para llegar a *Sentirse Bien*.

Nada podemos hacer para *Sentirnos Bien* si no ejercemos un control mental sobre los pensamientos negativos que se fraguan en nuestro interior. La idea fundamental consiste en aprender a observar nuestros propios procesos mentales para tratar de cambiarlos si fuera necesario.

Y finalmente presentamos algunas conclusiones que están a caballo entre el análisis, la poesía y la filosofía para analizar algunas de las esencias humanas, como es el desfondamiento del hombre y el sentido vital de la alegría. No me he resistido a concluir sin exponer una hermosa desiderata anónima del siglo XVII, muy popular, y que es un bálsamo psicológico para *Sentirse Bien*.

El autor

CAPÍTULO I

LA FELICIDAD, UNA META DE LA EXISTENCIA

Recuerdo que en mi época de estudiante de psicología pregunté a un profesor, durante el desarrollo de un tema, cómo el ser humano podría encontrar el camino de la felicidad y el profesor se envaró porque aquella cuestión resultaba muy difícil de contestar, era ambigua, poco clara; quizá un asunto amplio propio de la filosofía.

Con el tiempo me he dado cuenta de la dificultad que tiene connotar este concepto, como tantos otros que le son afines. La felicidad podría ser como el animal de esa historia en la que unos ciegos tocan a un elefante con el ánimo de averiguar de qué se trata y van diciendo lo que creen que aquello puede ser. Uno, al tocar las patas, aventura que están ante unas columnas; quien palpa la trompa cree estar tocando una gran serpiente, y así cada cual da su opinión dependiendo de donde esté y lo que toque.

La falta de visión hace que la realidad sea percibida como otra cosa diferente de lo que realmente es. Eso puede estar sucediéndonos con la idea de la felicidad. Con mucha frecuencia estamos manejando esta palabra en nuestra vida corriente, pero, como me sucedió a mí, si

11

preguntamos a un experto en psicología, podría quedar envarado por la cuestión.

Sin embargo, hoy mismo, que es Navidad, he recibido una felicitación navideña de un amigo: *«Te deseo unas fiestas navideñas muy felices»*, escribe, y al dorso se lee en una cita de B. Shaw: *«No tenemos derecho a gozar de felicidad si no la creamos en torno a nosotros»*.

La felicidad la generamos en la relación que establecemos los unos con los otros. Y el *Sentirse Bien* necesariamente está asociado a este estado al que tanto aludimos los seres humanos a lo largo de nuestras vidas, como si fuera el norte de toda pesquisa humana. Por eso, vamos a reflexionar un poco sobre esta idea, para ver si llegamos a alguna conclusión que nos valga sobre la idea de la felicidad y *Sentirse Bien*.

La felicidad parece, en algunas tesituras, que no fuera terrena, y, en todo caso, como si se tratara de un estado al que se tiende pero que nunca se alcanza totalmente. Hay momentos en la vida que nos gustaría haberlos eternizado, de forma que, por ellos, podemos apreciar lo que pudiera ser un estado de felicidad completo (*«La eterna felicidad del enamoramiento»*). De cualquier modo, pese a todo, quizá sigamos tocando la felicidad como los ciegos hacen con el elefante.

A lo mejor, la felicidad es un estado permanente de ausencia de infelicidad. De otra manera, lo que yo puedo considerar que es ser feliz para otros puede ser una situación carente de significado en términos de felicidad (*«Lo que a mí me hace feliz a ti te desanima»*). Si mirásemos, por ejemplo, las diferencias generacionales, muchas veces observaríamos que los gustos y las tendencias de los jóvenes y los más adultos difieren.

Un joven podría no sentirse feliz haciendo lo que hace un adulto, o a la inversa. Yo no me imagino haciendo, diciendo, vistiendo, comportándome, pensando como lo hace fulanito de tal; ni tampoco esa persona creo que podría *Sentirse Bien* haciendo, diciendo, vistiendo, comportándose, pensando como lo hago yo.

Está muy claro que lo que soy se debe a que pretendo con ello *Sentirme Bien,* como lo que hace mi semejante es porque tiende a *Sentirse Bien;* otro tema es que lo consigamos o no.

La felicidad, quizá tocándola como los ciegos palpan al elefante, es un estado al que se llega por multitud de caminos. Cada individuo tiene el suyo, está sujeto a sus propios parámetros.

La felicidad puede ser un estado de armonía interior que se alcanza cuando se logra un perfecto equilibrio entre lo que soy y la relación que tengo con lo que me rodea. Cuando he alcanzado un cierto desarrollo interior y miro con sosiego mi entorno, sintiéndome bien conmigo mismo y con los demás, quizá pueda vislumbrar la felicidad.

La felicidad es un estado interior subjetivo. En la vida es imposible lograr un estado de felicidad permanente, pues el hombre varía en sus emociones y sus sentimientos, es dinámico y no permanece nunca inmutable; nuestra vida de relación social e interior es un avatar continuo, como si cada uno de nosotros fuera un mar que no puede parar su oleaje y su continuo devenir, un desasosiego hermoso que produce a veces devastadoras mareas.

Por eso nos encontramos siempre buscando la felicidad, parece que nos llega y se nos escapa. La verdad es que se evade porque es como el alma misma de los seres humanos, un ente que no tiene límites ni fronteras. Nunca descansa, no puede quedarse en un estado permanente de reposo. Es dinámica.

Si el ser humano, a lo largo de su vida, es una entidad nunca acabada, esa misma singularidad de su naturaleza la tienen sus propios estados emocionales como el de la felicidad.

La felicidad es como la «*tierra de El Dorado*», o el «*paraíso perdido*», el «*norte*» hacia el que siempre y sin descanso posible caminamos todos los de nuestra especie.

La felicidad, como la naturaleza misma de los seres humanos, no se puede limitar en su múltiple realidad de lo que soy y de donde estoy.

Tú y yo nos hemos visto, multitud de veces, apartados de nuestros pequeños paraísos de quietud. Somos náufragos en nuestro propio mar. Estamos con ansia asidos a cualquier cosa que flote.

A veces, tratando de prevenir el naufragio, acaparamos provisiones y nos hacemos indiferentes y egoístas por temor a perecer. Eso lo hacemos muchas veces en la vida, en relación a nosotros y a los demás. Creemos que la felicidad es tener cosas, posición, dinero. Sin embargo, el acaparar está demostrado que no hace la felicidad (aunque muchos dicen que ayuda).

La felicidad ni se compra ni se puede adquirir cuando uno quiera. Son cosas que pertenecen al alma humana, como el amor. No puede ser doblegada a la codicia ni tiene dueño ni lugar. Es cuando es.

La tenemos y, sin embargo, siempre hay un momento en que volvemos a naufragar, y de nuevo estamos buscando grados de felicidad. Esto transcurre en lo que lla-

ODA AL DÍA FELIZ

Esta vez dejadme
ser feliz,
nada ha pasado a nadie,
no estoy en parte alguna,
sucede solamente
que soy feliz
por los cuatro costados
del corazón, andando,
durmiendo o escribiendo.

Qué voy a hacerle, soy
feliz,
soy más innumerable
que el pasto
en las praderas,
siento la piel como un árbol rugoso
y el agua abajo,
los pájaros arriba,
el mar como un anillo
en mi cintura,
hecha de pan y piedra la tierra,
el aire canta como una guitarra.

Tú a mi lado en la arena,
eres arena,
tú cantas y eres canto,
el mundo

es hoy mi alma,
canto y arena,
el mundo
es hoy tu boca,
dejadme
en tu boca y en la arena
ser feliz,
ser feliz porque sí, porque respiro
y porque tú respiras,
ser feliz porque toco
tu rodilla
y es como si tocara
la piel azul del cielo
y su frescura.

Hoy dejadme
a mí solo
ser feliz,
con todos o sin todos,
ser feliz
con el pasto
y la arena,
ser feliz
con el aire y la tierra,
ser feliz
contigo, con tu boca,
ser feliz.

Pablo Neruda

mamos experiencia de la vida. A nuestro modo de vivir, con sus múltiples facetas materiales de la sociedad del bienestar, lo llamamos felicidad, confundiéndolo con el anhelo de seguridad.

Esa necesidad que tenemos los seres humano de asegurarnos contra los naufragios de la vida a veces nos hace ser inhumanos, fríos y distantes, calculadores. Podemos hacer cualquier cosa por asegurarnos la felicidad. Pero justo en ese afán muchas veces lo que hallamos es una vida sosa, desabrida, monótona, y también nos deshumanizamos, y por lo que se había luchado, un supuesto estado de felicidad, nos encontramos en cambio con múltiples secuelas: depresiones, estrés, problemas permanentes.

Una persona que había estado en Paraguay me decía que allí la gente tenía otro concepto de las relaciones humanas en comparación con los países ricos como el nuestro.

Comentaba que allí la gente se entregaba más, era más humana en sus relaciones interpersonales, más nobles en sus sentimientos y más solidarios que aquí.

La cota máxima que un ser puede alcanzar de felicidad se da en la forma más pura de entrega desinteresada a los demás. No hay una emoción más noble y alta que la que se experimenta como resultado de esa entrega. A eso siempre se le ha denominado con la palabra amor.

Estoy seguro de que no hay más cotas sociales de felicidad en los países ricos que en los pobres, sino todo lo contrario. Y es que nuestras sociedades ricas, por desgracia, han perdido gran parte de los valores propios de la entrega desinteresada a los demás, porque estamos llenos de complejos y de temores, de necesidades, de deseos de lucro. Es cierto que somos solidarios con los países del tercer mundo, por ejemplo; pero lo somos menos quizá con el vecino, con el compañero de trabajo, con el amigo.

Luego, muchas veces, la felicidad es un espejismo, un deseo que no se corresponde con cosas. *«Ganamos el mundo y perdemos el alma»* y con ello también se nos va la posibilidad de ser feliz y abandonamos el norte de nuestra propia vida. Nos deshumanizamos.

A veces, me gusta mirar lo que me rodea, y he observado que hay cosas sencillas que lucen el halo de la felicidad.

Encontrar la felicidad debe ser un acto que se corresponde con pequeños descubrimientos sobre lo que soy y lo que son los demás. Sobre la entrega incondicional, despierta y viva, a todo lo que está fuera de mí.

Estar vivo y ser sensible debe ser un goce del que se derive el estado de *Sentirse Bien* que, a su vez, nos llene de felicidad.

Nadie puede saber a ciencia cierta cuándo y cómo nos es dada la felicidad, al menos dentro de la naturaleza humana, aunque sospechamos las circunstancias a las que pueda estar asociada.

Muchas veces, en las conversaciones cotidianas, he podido oír cantidades ingentes de comentarios sobre la felicidad humana. *«El dinero no hace la felicidad»*, dicen algunos; *«La felicidad es un estado transitorio y subjetivo»*, dicen otros. Pero, ¿qué es la felicidad?

Cuanto más vibremos con las cosas sencillas que nos rodean, cuanto más nos emocionemos y más sensibles seamos, lograremos mayor cota de humanidad, seremos más profundamente humanos, lo cual nos permitirá un cierto goce espiritual que marca el camino de una determinada felicidad.

La felicidad es un estado de ánimo sutil que surge de la experiencia con la vida. Está muy claro que no podemos adquirirla como se adquiere un bien material. Hay cosas en la vida que no pueden ser compradas como lo es este don de la existencia,

Lo que sí podemos hacer es abrir caminos y veredas que nos conduzcan hacia ella. Tampoco la felicidad es algo que dependa de nosotros sino que se apoya en los demás. La felicidad está sujeta al estado de *Sentirse Bien*.

Hay una gran contradicción en la vida. Yo he oído decir: «*¡Cuanto más sensible seas más sufres!*» O también: «*En el negocio, si no eres duro e insensible fracasas.*» El hombre tiene miedo a sus emociones, a sus sentimientos, por eso trata a veces de hacerse roca, trata de deshumanizarse en su sensibilidad.

Está muy claro que los seres humanos tratamos de huir de *Sentirnos Mal* y queremos siempre *Sentirnos Bien*. Buscamos la felicidad y huimos de la infelicidad.

Así que si las emociones y los sentimientos nos avasallan tratamos de controlarlos, o de eliminarlos de nuestras vidas; quizá con palabras freudianas pudiéramos decir: «*reprimimos*» todo aquello que nos produce dolor y nos lleva irrevocablemente a *Sentirnos Mal*.

Pero no sólo sucede esto en la vida con aquellas cosas que tratan de nuestras emociones interiores sino también con todo lo que nos rodea.

¡Ya quisiera yo que nuestro mundo fuera un paraíso, pero no lo es!

Me paré en un semáforo, en una calle de Madrid, con mi flamante coche blanco, y al unísono, un hombre desharrapado me ofrecía el periódico de los sin techo; no es grato tener un coche blanco cómodo y flamante y que alguien tan pobre te ofrezca un periódico para poder cubrir sus necesidades, valía doscientas pesetas.

Quizá, pensé, lo mejor es no mirar; hacer un vacío con la mirada e ignorarle, y luego arrancar el coche y olvidarme del asunto.

¡Qué fácil es no pensar, hacerse el despistado, ser un poco hombre de piedra, ése al que le resbala todo, que le da igual cien que ochenta!

Volví a mirar al hombre desharrapado que me miraba con esa mirada leve y extraña que tiene un ser humano cuando pide, y me sentí inquieto y molesto.

No puedo estar bien si tú estás mal, no importa quién seas —me dije—, dándome cuenta de que esta tierra no es precisamente el paraíso.

¡Me puse de repente en su lugar! Me vi fuera del coche y el hombre indigente dentro; me abrió la ventanilla mientras yo le daba el periódico de los sin techo. Me dijo:

«Si tú estás mal, yo estoy mal y no puedo sentirme bien.»

Le compré el periódico y le sonreí, arrancando el coche hacia la locura de la circulación madrileña.

No es posible *Sentirse Bien* de un modo aislado. Hay quienes impregnan toda su sensibilidad humana de dureza, de artificios, de defensas, de trampas mentales y de justificaciones. Todo en aras de no afrontar lo que le rodea porque eso produce dolor, infelicidad, nos hace *Sentirnos Mal*.

20

Pero, ¿qué diferencias existen entre la naturaleza humana sensible y la insensible? ¿Es que la insensibilidad es mejor fórmula para *Sentirse Bien* que la sensibilidad? ¡Ésa es la cuestión!

Hoy en día no hay boca humana ni garganta que no diga una y cien veces que estamos en un mundo sin valores, en un mundo insensibilizado. ¿Es posible que casi todo nos resbale? ¿Que estemos encerrados en nuestra piel? ¿Que sintamos sólo como verdad nuestro individualismo? ¿Que actuemos de acuerdo con un personalismo desenfrenado?

¿Qué consecuencias tienen la respuesta afirmativa a cientos de interrogantes como éstos?

Una, al menos: millones y millones de seres de nuestra especie no se *Sienten Bien;* la gente anda con desequilibrios emocionales aunque la abundancia nos asista.

Ser insensible no da la felicidad por mucho que lo intentemos.

No estar conectado y ponerse en lugar del otro nos lleva al vacío, a no a *Sentirnos Bien.*

«*Ser sensibles es un problema* —dicen muchos—, *mi negocio, mi dinero, mi seguridad.*» En el fondo, es un autoengaño.

Los que son sensibles y generosos entre los de nuestra especie, aquellos que son solidarios y profundamente caritativos, los que aportan al mundo la esencia de valores positivos, demuestran con sus obras que la entrega a los demás beneficia la propia felicidad, el propio *Sentirse Bien.*

Obtenemos un gran gozo cuando estamos bien e intentamos que también los demás lo estén, aportando un granito de arena del paraíso a una tierra de dolor. Es justo pensar que si tú estás bien yo estaré bien, y así podremos caminar construyendo un mundo mejor.

Alguien podría tacharme de utópico e idealista, y nada más lejos de esto. Podemos valorar la dimensión de estas cosas en la vida corriente y cotidiana. Sin embargo, por ahora vamos a continuar reflexionando sobre la sensibilidad y la insensibilidad de lo humano.

«Nuestra vida es una constante toma de decisiones y de responsabilidades —escribe en un artículo María Pinar Merino, titulado *"Los siete límites a superar para ser feliz"*—, *pues todo parece indicar que la evolución consiste, precisamente, en ir contrastando con el exterior lo que genera nuestro interior. Así, a lo largo del día cada uno de nosotros se ve abocado a ejercitar su capacidad de elección, ya sea en cosas pequeñas o en decisiones importantes.»*

Quizá sea ésta también una buena manera de definir el sentido de nuestra propia libertad, connotándola con nuestra capacidad de decidir.

E. Fromm, en su obra *«El miedo a la libertad»*, plantea la idea de que, precisamente, esa capacidad de decisión es lo que le da vértigo al ser humano: le produce miedo.

En la Edad Media, el campesino estaba sujeto a la tierra de su señor, lo tenía todo predeterminado; no había que experimentar sobre la vida, el destino estaba marcado. No había que decidir nada, todo estaba ya predestinado incluso antes de que uno naciera (por ejemplo, con quién iba a casarse).

Esa forma social de vida, que eliminaba de raíz la capacidad de elección, condicionaba en su base el concepto de libertad, pero también, según E. Fromm, daba seguridad. Los seres humanos tenían menos libertad pero también menos miedo.

La libertad aboca necesariamente a un mundo más abierto donde el propio destino se va escribiendo, poco a poco, a través de nuestra capacidad de elegir. El hombre moderno se asoma a un mundo donde la capacidad de decidir lo que va a ser su propia vida es de una amplitud grande.

Hemos ganado cotas de libertad, pero ese ejercicio también se torna hacia el interior como manifestación de inseguridad y temor. El hombre de hoy es más libre, pero también tiene más miedo que nunca. Le asusta el vacío, el no atinar con lo que decide y lo que desea que deba ser su propia vida. Así, casi todo queda relativizado a un mundo de inseguridades y de temores.

«Sin embargo —continúa escribiendo María Pinar— , *antes de tomar cualquier decisión hay un momento de inseguridad al que todos nos enfrentamos y es entonces cuando aparece ante nosotros la abdicracia como una salida honrosa: "No estoy suficientemente preparado...", "Fulanito o menganito saben más de eso...". Abdicracia significa no hacer uso de la capacidad de tomar decisiones...»*

Nuestro mundo se ordena alrededor de esa capacidad de tomar decisiones, y esa capacidad inherente a la libertad del ser humano es lo que también le aboca a la inseguridad y, por tanto, al temor.

Podríamos decir en este terreno que el hombre de nuestra sociedad también se ve abocado al riesgo de ser menos feliz, de estar más traumatizado. Pero eso sería ilusorio si no matizásemos un poco más esta idea.

Es cierto que el hombre moderno padece más que nunca problemas que se corresponden con un cierto espíritu atormentado, pero también es cierto que se le han abierto planos de realización personal jamás antes soñados.

Si el señor feudal en el Medievo fijaba al hombre a un destino seguro mediante un sistema casi de esclavitud, no es menos cierto que al hombre de hoy, pese a todos los ámbitos de libertad adquiridos, también se le fija, tiene una dependencia muy sofisticada al medio donde se desarrolla.

El hombre, con su capacidad de decidir, es relativamente libre. La sociedad le impone condiciones, leyes, normas. Son maneras de regular la vida colectiva. Pero aún hoy los mecanismos de regulación de la vida social están llenos de injusticias y plagados de errores.

El hombre sigue estando sujeto, con otro tipo de cadenas, a su entorno; quizá sean cadenas más sofisticadas, pero al fin y al cabo no dejan de ser eso, cadenas. ¿Por qué con nuestra libertad seguimos siendo infelices y desdichados?

A lo mejor, ahora estamos obligados a trabajar en lo que no nos gusta y tener unas vacaciones en la playa que nos hemos dado para eliminar el estrés; a tener que celebrar unas Navidades en las que no creemos. Quizá estemos atados a un jefe a quien odiamos. O a lo mejor nos consumimos mientras esperamos la hora de poder trabajar. ¡Quién sabe lo felices que somos con nuestra pareja, con nuestra familia!

Podemos decidir, es cierto, pero todo bajo un juego de reglas y normas. El hombre moderno es esclavo de su propio estilo de vida y de su libertad. Tenemos más libertad, pero no existen indicios claros y seguros de que seamos más felices que en el pasado. Tampoco hay certeza de que ahora estemos más realizados en nuestra plenitud interior, probablemente lo estemos menos que en otras épocas.

La felicidad y el estado de *Sentirse Bien* tienen que ver mucho con los espacios interiores. Cuántas veces hemos oído decir que de los problemas no podemos huir yendo de un lugar para otro, en busca del paraíso. Nuestro malestar lo llevaremos allá donde vayamos.

La felicidad, *Sentirse Bien,* es algo que se gana desde el interior de cada persona. Se conquista en la lucha que mantenemos con nosotros mismos en los espacios interiores.

Tendríamos que hacer de nuestra libertad de elección una capacidad para vivir mejor, desde el punto de vista de *Sentirnos Bien,* de decidir, eliminando todo temor, siendo valientes, estando seguros de lo que hacemos. Siendo nobles con nosotros mismos y respetando a los demás.

Desde este punto de vista, la cota de libertad que vivimos en la actualidad podría ser buena para llegar a *Sentirnos Bien* y ganar cotas de felicidad. Ésta no habita en un espacio sino que existe en un momento y quizá en otro y en otro.

No nos viene dada como algo que podamos alcanzar plenamente. Quizá esté estrechamente relacionada con el sentimiento de *Sentirnos Bien;* el de la infelicidad con el de *Sentirnos Mal.*

Pero aún iría yo, en esta reflexión, mucho más lejos, al tratar de ver que la felicidad se gana cuando el ser humano interiorizado llega a estados de equilibrio. Estamos en una época donde la felicidad debiera partir, no de una conquista del mundo exterior —tener cosas, prestigio, dinero...—, sino de conquistar la coherencia más profunda de nuestra propia mente, el espíritu interior.

La felicidad es posible cuando el hombre logra su plenitud. Tenemos que luchar por la madurez interior, y cuando esto se dé en la mayoría de los seres humanos tendremos una sociedad más justa y sana. Por supuesto, la cota de libertad sería mayor y el miedo a la libertad no existiría, pues el mundo sé tornaría un lugar seguro para *Sentirse Bien*.

Así que gozar de la libertad tiene que ver con la propuesta de conseguir *Estar Bien* a través de las decisiones que, momento a momento, y día a día, tomemos, y que se relacionan con los estados interiores de equilibrio mental.

«*La felicidad de Sentirse Bien* —dice la canción— *hoy hace cantar a mi corazón; la felicidad me la dio tu amor, hoy hace cantar a mi corazón, y todo gracias al amor, y todo gracias al amor...*».

La felicidad tiene que ver con la conquista de los espacios de la armonía interior de las personas, y por supuesto que ello condiciona la propia libertad.

El análisis conciliatorio, o transaccional, fue propuesto hace ya bastantes años por el doctor Thomas A. Harris, quien dice que todos llevamos dentro de nosotros un Niño, un Adulto y un Padre; nos habla en su ya clásica obra: «*Yo estoy bien si tú estás bien*», sobre esa conquista de armonía de los espacios interiores:

«*El objetivo del análisis conciliatorio o transaccional consiste en capacitar* —escribe el autor— *a una persona para que tenga libertad de opción, libertad para cambiar a voluntad, para cambiar las respuestas a los viejos estímulos y a los nuevos. Gran parte de esta libertad se pierde en la primera infancia.*»

Es posible, contrario a lo que comúnmente podamos creer, que el hombre abandone muchas virtudes esenciales (la capacidad de sorpresa o la espontaneidad, por ejemplo) cuando pasa de la niñez hacia otros estadios evolutivos en el desarrollo de la personalidad.

El niño tiene cotas de libertad interiores que, con el paso del tiempo, pierde y que tienen que ver con la naturaleza de la espontaneidad. El niño pequeño hace y dice cosas que los adultos inhiben. Da respuestas con la libertad que le confiere la espontaneidad que poco a poco va siendo reprimida.

Ese modo de ser, esa libertad infantil, es la expresión de la pureza psicológica más grandiosa. Ni es bueno ni es malo. El niño libera sus sentimientos con su libertad de niño. Cuando siente dolor llora sin límite.

Si el infante es egocéntrico, lo es también hasta sus máximas consecuencias. El niño es lo que es y expresa de manera espontánea sus emociones.

Su naturaleza tiende a la satisfacción de aquellas cosas que su propia esencia de niño le pide, y por ellas se mueve y tiende a que le sean inmediatamente satisfechas. Pero, en un proceso graduado, va asimilando que en el mundo hay que ir reprimiendo ese impulso natural de libertad. Y de esta forma se hace un ser adulto «reprimido», con menos libertad natural.

Diría Freud que la cultura se opone al instinto. La familia y la escuela son los agentes primeros de esta represión psicológica. El niño va perdiendo cotas de libertad, va perdiendo opciones de reacción psicológica. Todo ello se hace a costa de conflictos internos que el niño tiene que elaborar, tiene que reprimir y superar.

Ese Niño es el que todos llevamos en el interior de nuestro ser, y del que ya nunca podremos liberarnos.

Un Niño por el que fue posible el inicio de nuestra vida psicológica. Éste sólo desea ser feliz y *Sentirse Bien* a través de la satisfacción de sus deseos, sus impulsos.

Pero en esa oposición represora que ejerce lo que le rodea, va sumando otra naturaleza psicológica que le aparta poco a poco de él mismo. Adquiere la condición de quien le educa y le dirige sus emociones, sus sentimientos, sus deseos.

«El niño carece del equipo y de la experiencia necesaria —escribe el doctor Harris— para formarse un retrato exacto de sí mismo; así pues, sólo puede guiarse por las reacciones de los demás ante él. Acepta pasivamente los juicios, que primero son comunicados enfáticamente, por medio de palabras, gestos y acciones en este período. Siente una gran necesidad de caricias, o de ser reconocido, que es la versión psicológica de las primeras caricias físicas.»

Esas figuras modelo son los padres, por lo cual en cada uno de nosotros fue surgiendo, en el interior de la conciencia, una especie de moral, que nos va indicando lo que hay o no hay que hacer; lo que es bueno o malo.

Ese fondo represor que el Niño que todos llevamos dentro sufre, nos viene dado desde los modelos exteriores a nosotros mismos, y llega a instalarse como parte de nuestra naturaleza interna. Así está en el adulto.

En el interior de nosotros existe un Padre que modera nuestra conducta y nuestros pensamientos. Esa naturaleza interior se instala de tal modo que es capaz de regir nuestra vida psicológica. Para ese momento ya hemos perdido parte de nuestra libertad psicológica más primigenia basada en la naturaleza espontánea.

Esa zona psicológica es la que hace referencia a los modelos de comportamientos sociales que vamos aprendiendo, y que suelen estar en relación con nuestros pensamientos: *«Esto está bien o mal», «Hay que hacerlo así», «De esta manera no».*

Ese proceso psicológico tiene a raya a nuestras tendencias interiores; es una fuerza represora que puede hacerse increíblemente conflictiva.

El Padre que todos llevamos dentro es como una especie de conciencia moral que guía nuestras conductas y nuestros pensamientos.

En el análisis conciliatorio existe otra fuerza psicológica que va surgiendo poco a poco, que nos hace ser lo que aparentamos en el mundo.

Frente al Niño y al Padre, surge una forma de síntesis de la personalidad que arbitra tanto las tendencias del Niño como las del Padre, y que modela el comportamiento y los pensamientos. Esta fuerza se denomina: Adulto; expresa la naturaleza de nuestro Yo.

El Adulto que todos llevamos dentro es razonable y moderador; nos presenta a los demás; es una fuerza interior de síntesis de muchos procesos psicológicos.

29

El hombre lleva como un estigma esa triple naturaleza de Niño, Padre y Adulto. Y así es irremediablemente un ser cultural, alejado de la Naturaleza madre como no lo está ningún otro animal.

Freud diría que nuestra naturaleza psicológica tiene un Yo por el que nos ceñimos al mundo y a la realidad; un Superyó por el que asimilamos todas las normas sociales; un Ello que representa el mundo de los instintos.

El primero es el Adulto, el segundo el Padre y el tercero es el Niño. Claro, cada cual tiene su propio Niño, su propio Adulto y su propio Padre interior.

Esto nos da una enorme variabilidad de tipos de personalidad y de la naturaleza de estas tres instancias, en la forma en que se relacionan entre ellas depende nuestro equilibrio y felicidad. *Sentirse Bien,* o *Sentirse Mal,* tiene que ver con la dinámica que se establece en nuestro interior con esas tres dimensiones de la personalidad.

Para el doctor Harris existen cuatro posiciones vitales que se deben adoptar respecto de uno mismo y de los demás:

1) Yo estoy mal — tú estás bien.
2) Yo estoy mal — tú estás mal.
3) Yo estoy bien — tú estás mal.
4) Yo estoy bien — tú estás bien.

Esta posiciones pueden ir cambiando con el tiempo: *«Lo que fue decidido una vez* —dice el autor— *puede dejar de decidirse.»*

Es la cuarta posición vital la que de manera conscientemente debemos tratar de conseguir para obtener mayor grado de libertad en los espacios internos y más alto nivel de felicidad en nuestras vidas, cuyo objetivo es el de *Sentirse Bien*.

No vamos a tratar de desentrañar cada una de las características de la tres posiciones, pues éstas están ya descritas por su autor. Sin embargo, vamos a comentar la cuarta posición vital hacia la que todos debemos intentar llegar como una manera de ser interior y de estar en el mundo con los demás: YO ESTOY BIEN, TÚ ESTÁS BIEN.

«Hay una diferencia cualitativa entre las tres primeras posiciones y la cuarta —escribe el doctor Harris—. Las tres primeras son inconscientes, puesto que se adoptaron a edades muy tempranas. La decisión por la cual se adopta una posición es tal vez una de las primeras funciones del Adulto que hay en el niño, en su intento de dar sentido a la vida de modo que sea posible aplicar cierta medida de lógica a la confusión de estímulos y de sentimientos. La cuarta posición, Yo estoy bien — tú estás bien, por el hecho de ser una decisión consciente y verbal, puede incluir no sólo un número de informaciones muy superior acerca del individuo y de los demás, sino también la incorporación de posibilidades aún no experimentadas que existen en las abstracciones de la filosofía y la religión. Las primeras tres posiciones se basan en los sentimientos. La cuarta se basa en el pensamiento, en la fe, en el empeño, en la acción. Las tres primeras tienen relación con el porqué. La cuarta con el ¿por qué no?»

La cuarta posición es una decisión que tomamos nosotros de manera consciente y es la más madura para un plan de vida que nos acerque a vivir más la libertad de los espacios internos y del logro de cierto grado de felicidad.

Se trata de que cada uno tome esta decisión de sentir que *«Yo estoy bien — tú estás bien»* como una demostración hacia nosotros mismos de reconocimiento de nuestro propio valor y del valor que tienen los demás, ya que esto es lo que realmente hace que se genere en nosotros un estado de bienestar y de felicidad. *(«Si reconozco tu valor como persona y también reconozco mi propia valía, yo estaré bien contigo y conmigo»).*

Y ésta es la máxima conciliación que un ser humano puede hacer consigo mismo y con los demás.

Si yo adoptara esta posición y los demás también, el mundo sería el Paraíso. A lo mejor con ello surgiría la conciliación más grandiosa sobre el planeta y una nueva sociedad emergería sobre la Tierra como un jardín en la más hermosa primavera.

No decimos realmente otra cosa que aquello que el gran Hombre aconsejó a la humanidad: *«Ama a tu prójimo como a ti mismo»,* enseñó Cristo en Palestina. Aquí sigue estando la dualidad: *«Me respeto y te respeto», «Te reconozco en mí mismo, por eso puedo ponerme en tu lugar; así yo estoy bien y tú estás bien».*

Ésta quizá sea la máxima transacción que se pueda hacer de un ser humano a otro ser humano. Muchos autores expresan la misma idea de multitud de maneras diferentes.

Jesús Mesanza López, en un estudio sobre *«Comunicación y barreras en el diálogo padres-hijos»,* comenta un párrafo de Carl Rogers, que dice:

«La escucha con comprensión se da únicamente cuando vemos las ideas y actitudes de la otra persona

desde su punto de vista y cuando nos cuenta cómo le afecta. El punto de vista de la otra persona aparece claro sólo si ella lo manifiesta. De la misma manera, para que el otro conozca mi punto de vista es necesario que yo se lo manifieste. Los sentimientos del otro son percibidos por mí sólo si trato de sentir con él. Del mismo modo, para que el otro perciba mis sentimientos debo comunicarlos y así podrá experimentar cómo me siento. La comprensión implica que:

1) *El que comunica está abierto a su propia experiencia.*

2) *El que escucha está abierto a la experiencia del que comunica. La apertura a la experiencia es una conciencia:*
   a) *De uno mismo, de los sentimientos propios, de los propios valores y actitudes.*
   b) *Del otro, sus sentimientos, sus valores y actitudes.*

Juzgar es evaluar a las otras personas por nuestros propios valores y no por los suyos. Supone una barrera en la comunicación. Crea insinceridades, exageraciones y «máscaras» en la relación interpersonal.»

Ni qué decir tiene que *Sentirse Bien* es una expresión en la manera en que entendemos la comunicación con los demás. A través de ella es posible la transacción de los valores humanos y la conciliación de unos con otros.

Ponerse en lugar del otro resulta esencial: entenderle desde su propia experiencia es crucial, igual que nosotros podemos ser comprendidos cuando los demás también son capaces de ponerse en nuestro lugar.

Ésa es la expresión más clara del concepto de empatía entre los seres humanos y la base de la auténtica comunicación; o sea, de la comunicación positiva.

En una sociedad como la nuestra, es difícil observar que los individuos se comuniquen del modo en que lo describe C. Rogers. Más que comunicarnos lo que hacemos es juzgar continuamente al otro, con lo cual se cierran las auténticas puertas de la comunicación humana. Nuestros propios valores nos ciegan.

Un bárbaro egocentrismo recorre las formas de relacionarnos socialmente. Si la comunicación entre los seres humanos se reduce siempre a una comunicación de juicio estamos perdidos. La sociedad enferma y no es posible que lleguemos a *Sentirnos Bien* de modo colectivo. No hemos madurado y, por tanto, es imposible la posición «*Yo estoy bien — tú estás bien*». Estaremos instalados en un estadio inmaduro de nuestra propia infancia, en cualquiera de las otras posiciones descritas por el doctor Harris.

Esto es verdad para una sociedad donde mayoritariamente vivimos una comunicación con barreras, a veces enferma, porque en la mayoría de las ocasiones el propio egocentrismo trasciende cualquier otra realidad: ¿Por qué nos va a interesar hacer una comprensión de las ideas y de las actitudes del otro desde su punto de vista tratando de ver cómo le afecta? ¿Para qué vamos a perder tanto tiempo?

Lo que interesa hoy en día es desconcertar al otro con nuestro magnífico juicio, con nuestra encumbrada opinión. Hay que dejarle lleno de nuestros valores y aminorar y hacer caso omiso del valor del otro.

Y ésta es la idolatría de nuestra moderna sociedad, su becerro de oro. Buscamos el éxito mediante el apabullamiento. ¡Y así nos va!

Si a los seres humanos nos falla la comunicación del modo como la entiende C. Rogers, desde luego caemos en el peligro de enfermar, de perder el norte. Y eso, en parte, está sucediendo. Con sólo echar un vistazo a nuestro alrededor podemos percatarnos de ello.

«Seguramente —escribe María Pinar—, *la vida no es más que una escuela que tiene razón de ser en la medida que vamos aprendiendo a superar las situaciones que se plantean. La convivencia —por ejemplo— es el banco de prueba, el laboratorio donde experimentamos los límites de nuestra personalidad.»*

No es posible experimentar el estado de *Sentirnos Bien* si no partimos de una cierta maduración personal que trascienda nuestra individualidad y llegue al otro a través de la convivencia y una comunicación que tiene en cuenta a su semejante. No podemos ser felices si no tenemos presente al de enfrente.

Resulta que hoy en día vivimos corrientemente de espaldas al otro; somos desconfiados, individualistas, celosos de lo nuestro, de nuestra privacidad. Nos encastillamos. Nuestra cultura es una cultura de la comunicación aislada, nunca existieron tantas posibilidades de comunicación —televisión, teléfono, radio...— y a la vez tanta incomunicación en lo afectivo.

Cambiamos la vía de la afectividad y de la subjetividad por la de la objetividad y el distanciamiento afectivo. Preferimos lo fácil a lo arriesgado (o sea, lo seguro).

Podemos estar todos conectados a través de Internet, pero sin la base de la emotividad la experiencia humana de la comunicación se torna imposible.

«*El hombre* —escribe C. Cursdof, según Jesús Mesanza—, *para subsistir espiritualmente, tiene necesidad no sólo de personas que le rodeen, sino también de relaciones estrechas; necesita vivir en íntima comunicación con algunos de sus semejantes. Los encuentros representan no sólo llamadas a la existencia, fuertes llamadas que arrancan la vida personal del adormecimiento o la asfixia de una experiencia cerrada sobre sí mismo. La comunicación se afirma, de este modo, porque es una de las exigencias fundamentales del hombre, tan esencial como pueda serlo el hambre, en el orden fisiológico.*»

Si YO ESTOY BIEN Y TÚ ESTÁS BIEN, nos hemos conciliado con nosotros mismos y con los demás, lo cual abre el camino hacia el estado de *Sentirse Bien* y de la felicidad, y supone la conquista de la libertad en los campos interiores de la persona.

Es necesario, para nuestra evolución, que maduremos en los planos personales y sociales. Si no recorremos esos caminos, la propia felicidad es imposible.

A veces creemos que con obtener cotas de poder y acaparar bienes materiales podemos colmar nuestra necesidad de ser feliz. Por eso muchos humanos luchan sin cuartel por ganar posiciones en un mudo fuertemente competitivo, a través del éxito en lo profesional, en los negocios.

Sin embargo, vemos que no llega la felicidad. Hay otras personas que sí la alcanzan por otros caminos. En el silencio de sus vidas, en sus acciones, en su manera de encarar con sencillez las cosas cotidianas que la vida les propone, en la honestidad, en el sentido de la justicia, en el amor hacia el prójimo. Esto no significa que no exista sufrimiento sino que logran vivir la vida con una honradez admirable y ésa es la base de la auténtica felicidad: sentirse libre y honrado, sin miedo ni temor a la toma de decisión. Ésa es la mejor felicidad, la que se logra al estar descansado moralmente con respecto a uno mismo y los demás.

En este sentido hay seres admirables en el mundo. Son gentes que pertenecen a cualquier clase y condición. Se definen por la entrega a los demás y la renuncia hacia sí mismo. La renuncia al egoísmo, éste es su logotipo, la enseña, la identidad que los destaca. Son los grandes hombres de la humanidad presente y pasada.

«Según la psicología —escribe María Pinar—, la clave de los males que aquejan al ser humano reside en el ego. Él es el principal escollo, no sólo para una correcta interrelación entre las personas, sino también para un desarrollo armónico e integral de la personalidad. Las manifestaciones desordenadas del ego son el egoísmo, la egolatría, el egocentrismo, la soberbia...»

Basta pararse un momento y observar cómo vivimos hoy en día para darnos cuenta del volcán sobre el que estamos sentados la mayoría. En nuestra sociedad tenemos una enorme cosecha de egos inflados, hipócritas, maleducados, sabelotodo, racistas, fascistas, fariseos, mentirosos... No hay esquina ni lugar donde no se libre la batalla del Ego.

Los valores refuerzan el individualismo y todos incitan a la competencia de ser más y tener más. Así que nos arrojamos a unos brazos que nos llevan hacia los estadios del malestar y de la infelicidad. Todo se torna un infierno.

«Pues bien —escribe María Pinar—, *las manifestaciones egoístas producen en las relaciones humanas un efecto centrípeto, de tal manera que el egoísta absorbe cuantas energías encuentra a su paso y termina por quedarse solo.»*

En parte, los seres humanos nos convertimos en una suerte de islas que van a la deriva cuando nuestro yo sólo sabe mirar su ombligo.

Se torna centro de sí mismo. Lo que le interesa de la posición que venimos tratando es la de *«Yo quiero estar bien y tú: ¿qué me importa?»*.

Pero justo en ese planteamiento nos hallamos sumergidos aún más en los estados del malestar y, por ende, nos tornamos infelices.

La fuerza centrípeta del ego hacia sí mismo, hacia los estados y acciones egoístas, nos conduce hacia el aislamiento, los conflictos de la personalidad, los estados de la infelicidad.

La fuerza centrífuga del ego produce el efecto contrario: la empatía, la solidaridad, la generosidad.

La persona que sale de su aislamiento y encuentra a los demás, también se halla a sí misma y experimenta estados de bienestar, que son la base de *Sentirse Bien* y de la felicidad más elemental e intensa.

«El egoísta es susceptible por naturaleza —escribe María Pinar—. *Nada es suficientemente bueno para él y*

su organismo se resiente porque tampoco acepta de buen grado lo que le llega. La sintonía real y afectiva se produce cuando se da sin esperar nada a cambio. En ese momento la generosidad (cosa contraria el egoísmo) es la llave que abre los muros y baja a los que se encuentran subidos en el pedestal. La humildad permite que los otros se acerquen y te den energía, lo que favorece que los demás manifiesten sus mejores sentimientos.»

Valores como la humildad, la entrega a los demás y otras cualidades positivas en nuestra sociedad de competitividad y de éxito quedan frecuentemente exentas de valor para triunfar. Sin embargo, son fuentes de las más altas y delicadas manifestaciones de la cultura.

Valores como la competitividad y la acción agresiva, la altivez y el despotismo son usados para triunfar; éstos son la expresión de una sociedad caduca y basada en patrones enfermos.

La gente se ve abocada a una lucha sin cuartel, unos contra otros, para obtener prestigio y posición social. Ésas son las fuentes del malestar laboral. Todo vale con tal de lograr un fin. Es una máxima puesta en juego continuamente y un grave error que va en contra de la sensibilidad humana más refinada.

En este sentido, nuestra cultura da pasos de gigante hacia atrás. Llegaremos a las estrellas más remotas con nuestros cachivaches tecnológicos, pero no arribaremos al corazón del hombre auténtico. En este sentido nuestra sociedad es profundamente egoísta y primigenia.

Lo peor de todo es la postura indiferente, o quizá inconsciente e ignorante. No se puede uno *Sentir Bien* y ser feliz con este estado de cosas. Hay que cambiar.

Mi sobrino, de once años, mientras se tomaba una rebanada de pan tostado con aceite de oliva, comentó que le era imposible comer aquello con satisfacción cuando pensaba que en el mundo existían muchos pobres que no tenían nada. Dijo que no podía comerse aquello con tranquilidad.

Es verdad, no es suficiente con tener un sentimiento sino que hay que ejecutar acciones concretas para cambiar esa realidad.

Esas acciones pueden ser el cambio de nuestra vida. Abolir el marketing de los falsos valores y ser solidarios, humildes y entregados.

No esperar nada a cambio y hacer las cosas profundamente convencidos de actuar con honradez.

Decir esto es una especie de herejía en un mundo como el nuestro. Y, sin embargo, eso sería la base de una sociedad profundamente culturizada en lo humano, y superior en lo espiritual.

Realmente todos los esfuerzos de los hombres deberían dirigirse a dicho fin, por ser ésta una fuente extraordinaria para *Sentirse Bien,* ganar grados de felicidad y obtener libertad en los espacios internos y también en los externos (sociales).

Sigue comentando María Pinar en su artículo: «*Reza un antiguo axioma que "Todo lo que se recibe es para darlo", y la teoría del holograma así lo avala. No sirve de nada acumular, sino compartir de forma abierta, poner a disposición de todos lo conseguido. Para así poner un granito más de arena que enriquezca a nuestra humanidad afanada en la búsqueda de esa conciencia planetaria que tanto necesitamos.*»

Esa conciencia planetaria está predicha desde hace miles de años, lo que sucede es que el hombre se mueve hacia ella a trancas y barrancas. Quizá hoy en día estemos más alejados de ese fin que nunca. O no.

«Bendecid a los que os persiguen —predicaba Pablo hace casi dos mil años—, *no maldigáis. Alegraos con los que se alegran; llorad con los que lloran. Tened un mismo sentir los unos con los otros; sin complaceros en la altivez; atraídos más bien por la humildad; no os complazcáis en vuestra propia sabiduría. Sin devolver a nadie mal por mal; procurando el bien ante todos los hombres; en lo posible, y en cuanto de vosotros dependa, en paz con todos los hombres; no tomando la justicia por cuenta vuestra. Si tu enemigo tiene hambre dale de comer, y si tiene sed dale de beber; haciéndolo así amontonarás ascuas sobre su cabeza. No te dejes vencer por el mal; antes bien, vence al mal con el bien.»*

Me pregunto la aplicación que tienen estas antiguas palabras en nuestras vidas presentes, en la cotidianidad de nuestro mundo diario.

Me pregunto si en ellas no está comprendida realmente parte de la búsqueda de la libertad más profunda y, sobre todo, de la verdadera felicidad que da tener en cuenta a los demás.

Uno de los siete límites de los que nos habla María Pinar sobre los que uno debe superarse para ser feliz es la soberbia, que se opone frontalmente al valor de la humildad.

En nuestra sociedad, hablar de esta cualidad humana es algo irrisorio cuando todo lo que se enseña está basado precisamente en la competitividad, cuyo valor es extraordinario.

«Curiosamente —escribe la autora—, *esa falta de humildad aparece como algo a mantener y cultivar en la personalidad, pues se valora la fuerza a la hora de defender criterios, el ser duro con las circunstancias y las situaciones, ser capaz de tomar decisiones dejando de lado la conciencia y los sentimientos, erradicar palabras como la fidelidad, confianza, amistad, a favor del oportunismo o posibilidad de progresar.»*

Nuestra sociedad, contraria a lo que aconsejaba Pablo, es soberbia. Nos alejamos mucho de un patrón de valores humanos verdadero. Nos hemos quedado naufragando dentro de los arrecifes más inquietantes.

Está claro que para llegar a *Sentirse Bien* y ser feliz no cabe otro camino que el de trabajar el propio ego y en relación a los demás, procurando hacer surgir de los valles psicológicos interiores los mejores sentimientos, las mejores emociones y los mejores afectos, para que vuelen con coherencia y armonía hacia los demás.

Pon un granito de arena sin esperar nada de nadie, pero que en el fondo eso tiene una maravillosa recompensa: la de ser feliz y *Sentirse Bien*.

Esto es también válido para la búsqueda de la propia felicidad y la de lograr un estado profundo de quietud que nos lleve a *Sentirnos Bien*.

IDEAS PARA SENTIR FELICIDAD Y AMOR

— La felicidad sólo es posible lograrla en relación con los demás.

— La felicidad es un estado emotivo quizá transitorio y fugaz. *Sentirse Bien* puede que sea más estable en el tiempo aunque menos intenso, y forme parte del umbral de la felicidad. Resulta ser así porque el hombre es:
  • Variable en sus emociones y sentimientos.
  • Dinámico y nunca inmutable en su realidad cotidiana.
  • Un ser en perpetua búsqueda de sí mismo y de su estabilidad personal.
  • La felicidad es un estado psicológico que sólo es posible experimentarlo en grados subjetivos. No existe una felicidad plena como tal, sino grados de experiencia de bienestar psicológico. («La felicidad completa no existe», dicen.) La felicidad no tiene ni límites ni fronteras, y es una experiencia única para cada individuo.

— Para cada ser humano la felicidad y *Sentirse Bien* son estados personales, singulares. Lo que a uno le hace feliz y *Sentirse Bien* para otros puede no tener ninguna significación.

— El respeto hacia los demás, en la forma de entender la felicidad ajena, es la base del bienestar psicológico colectivo, siempre y cuando la propia felicidad esté sujeta al principio del amor, del respeto y la libertad.

— A la felicidad se llega por múltiples caminos y se basa en la experiencia personal sobre la vida. Un estilo de vida produce un nivel determinado de felicidad; existen estilos de vida que dan más calidad y felicidad que otros.

— La felicidad exige:
  • Armonía interior junto al desarrollo del equilibrio personal.
  • *Sentirse Bien* con uno mismo.
  • Proyectarse equilibradamente hacia los demás en el entorno social.

— El grado máximo de felicidad que los hombres pueden obtener se demuestra que no está en relación a la riqueza y el poder; está más asociado a la acción del amor y la entrega; en la solidaridad y la libertad, en la caridad, la humildad y el respeto.

— La felicidad no se debe confundir con el estado de bienestar que produce la satisfacción de las necesidades, aunque indudablemente es una forma básica y elemental que nos ayuda a ser felices. Basar todo en la autogratificación nos aleja de la auténtica felicidad.

— Cuanto más se humaniza la persona, mayor posibilidad tiene de experimentar la felicidad.

— La felicidad no puede ser comprada ni adquirida a voluntad.

— La felicidad es imposible encontrarla en el aislamiento MORAL y en la soledad ESPIRITUAL. La felicidad es contagiosa y bondadosa cuando se comparte con los demás.

— Cuando *Yo estoy Bien* y *Tú estás Bien* es posible la felicidad. Este presupuesto del doctor Harris es válido para el logro de una felicidad plena.

— Debemos recuperar la espontaneidad natural de nuestra infancia («hacernos como niños») para ser adultos realmente felices. Todos tenemos un Niño, un Padre y un Adulto, y según el modo en que equilibremos interiormente estas dimensiones psicológicas podremos ser más felices.

— La felicidad de nuestro mundo se ve mermada por el miedo y el temor. Tenemos más libertad que nunca, también más miedo, y quizá más infelicidad.

— Cualquier decisión conlleva cotas de inseguridad, lo cual es la base del temor. Con la capacidad de decidir el hombre es más libre, pero se enfrenta a nuevos riesgos que debe controlar; principalmente se generan el miedo y el temor. Éstos son grandes males que aquejan a nuestra cultura actual.

— No porque seamos más libres tenemos que ser más felices. Sin embargo, es un espacio necesario para construir la felicidad. El hombre moderno sigue teniendo un destino cerrado, y es menos libre de lo que pudiéramos imaginar.

— La felicidad, quizá, sea un bien que se gana desde el interior de la persona.

— Nuestra libertad podría ser empleada para lograr beneficios en *Sentirnos Bien*. Y eso se podría conseguir si los seres humanos nos decidiésemos a conquistar nuestros propios espacios interiores en forma de armonía y coherencia, en el espíritu y en la mente. La felicidad es posible en el hombre en plenitud, en el ser maduro y evolucionado.

— Reconocer nuestro propio valor y el de los demás es la expresión más clara de una estima positiva y, por tanto, la base para *Sentirse Bien*. El encuentro entre las personas debe basarse fundamentalmente en la comunicación; ponerse en el lugar del otro para comprenderlo; manifestarnos tal como somos para que el otro sepa de nuestra interioridad.

— El prejuicio, el juzgar al otro sin más, es una de las mayores estupideces que un ser humano puede cometer frente a otro ser humano. Es la base de todos los males, también de la infelicidad, y fuente de todo conflicto.

— La incomunicación afectiva nos aísla y resulta muy difícil que logremos la felicidad y el estado de *Sentirnos Bien* si nos aferramos a esa forma de vivir, por mucho trato social que tengamos. La felicidad se basa en el enriquecimiento y evolución de los planos personales y sociales.

— El egocentrismo va en contra del estado de felicidad y de *Sentirse Bien*. Cuando salimos de nuestro egoísmo y nos encontramos con los demás, también hallamos la fuente de la felicidad que, indudablemente es el amor.

— Cuando «Todo lo que se recibe es para darlo» nos acercamos al brocal del pozo de la felicidad más auténtica y genuinamente humana.

CAPÍTULO II

EL AMOR COMO FUENTE
PARA SENTIRSE BIEN

El ser humano está imbuido en la idea del Amor como un valor de la más alta consideración. El Amor, como sentimiento, hace un recorrido por toda la realidad humana más profunda. Sin Amor no es posible vivir. No es posible *Sentirse Bien* y menos que nada ser feliz. Sin Amor el ser humano se siente solo, aprisionado.

¿Qué es este sentimiento que todo lo embulle, que todo lo toca, que todo lo transforma? ¿Es algo alado, misterioso, una fuerza de ultratumba, un valor de paraíso? ¿Está dentro o fuera de nosotros? ¿Es algo que se nos impone, o que construimos desde nuestro interior? ¿Qué es el Amor?

El Amor es un sentimiento de gran calado que únicamente es posible obtener en su dimensión más genuina, cuando los seres humanos llegan a desarrollar su personalidad de una manera total.

«... la satisfacción en el amor individual no puede lograrse sin la capacidad de amar al prójimo, sin humildad, coraje, fe y disciplina», escribe E. Fromm.

Cualidades éstas raras en nuestra cultura. El desarrollo del Amor, como un sentimiento humano total, pertenece a las cualidades que ocasionalmente podemos observar en las personas. Muy difícil de ver en su plenitud en el común de los humanos; por eso, cuando se da en alguien de una manera plena, éste se trasforma para la humanidad en un símbolo de grandeza espiritual; llega a ser alguien que representa a la especie humana en su sentido más noble (Gandhi, Jesús, Buda, Teresa de Calcuta...).

Donde existe grandeza de espíritu (es decir, desarrollo máximo de la personalidad) florece el Amor como un sentimiento que es capaz de logros extraordinarios, nunca comparable con cualquier otra cosa.

Esto parecería que atañe únicamente a personas de grandes luces mentales, a seres capaces de mucho conocimiento humano. El Amor es conocimiento, pero es un conocimiento diferente al que puede ser abordado en un sentido cognoscitivo, como sucede cuando leemos sobre algo.

El conocimiento que nos da el amor, por el hombre, se basa en relación al interés que tenemos por el otro, en la práctica de la relación social con el prójimo.

En este espacio es donde se vive el Amor como un fenómeno extraordinario, un sentimiento que tiene en cuenta a los demás. Sin esta premisa es imposible acceder a él.

Sin embargo, todos los hombres pueden aspirar a la plenitud de este sentimiento lo que podemos conseguir si efectuamos sobre la vida acciones concretas que nos lleven hacia el perfeccionamiento personal.

«El amor no es un sentimiento fácil para nadie —dice E. Fromm—, *sea cual fuere el grado de madurez alcan-*

zado. Todos los intentos de amar están condenados al fracaso, a menos que procure, del modo más activo, desarrollar su personalidad total.»

Éste es el significado que vamos a tratar de desentrañar en estas líneas con el objetivo de lograr un mayor grado de felicidad, sentirnos bien y alcanzar mayores cotas de libertad.

Podríamos creer que el Amor se puede reducir, pero no, está en todo: el Amor está en la mirada de las cosas. Está en las buenas vibraciones que nos produce lo que nos rodea y que nos mueve hacia el mundo de la sensibilidad.

Por el Amor nacemos, sentimos, nos queremos, lloramos y reímos, tenemos en cuenta a los que nos rodean, podemos ser felices.

Tener Amor es vivir y ser consciente de todo cuanto nos atañe de una manera sensible, emocional, afectiva. El Amor es el dios de todos los sentimientos, de todas las emociones y todos los afectos.

¿Cómo se expresa en los hombres? ¿Existe una especialización del Amor o es una energía universal que todo lo toca?

Amamos a nuestros semejantes, a los animales, a nuestra pareja y a nuestros hijos, y somos también amados.

El Amor no tiene género y no es singular. Quizá sea una emoción grandiosa como una cualidad que nos viene dada desde la naturaleza, como se nos ha dado la inteligencia, aunque ésta sea el resultado de un proceso evolutivo largo y complicado.

Quizá el Amor vaya expresándose de una manera diferencial sobre todas las cosas que existen. Desde luego, es una fuerza convergente y creadora; una fuerza dinámica y positiva.

Si meditásemos sobre la idea del Amor, ésta podría venir con más facilidad hacia nosotros y también salir de la misma forma desde nuestro interior hacia fuera.

El Amor es un sentimiento que hay que descubrir y trabajarlo, día a día, en un proceso espontáneo y profundamente vital que atañe a toda nuestra experiencia. El Amor, visto desde su plenitud total, resultaría un objetivo inalcanzable para una persona no desarrollada.

El Amor pervive en un proceso de perfeccionamiento en grados diferentes de plenitud. Es el mismo camino de la vida que al ser experimentado nos induce hacia ese sentimiento de perfección humana.

Sólo desde esa perfección son posibles las mayores cotas de humanización. Quizá el proceso de humanización (recorrimos en su momento el de hominización, que culminó con nuestras capacidades corporales actuales), tenga por meta el perfeccionamiento del sentimiento y la vivencia de Amor como el objetivo más elevado.

Está muy claro, los hombres que logran esa plenitud son los seres que con más luz arrojan una cultura superior. Cuando la mediocridad de nuestra especie adapta esa luz a su camino, obtenemos nuevas vías de perfección, aunque el hombre, en su vulgaridad, pierda nuevamente el sendero.

Cristo, con las acciones que produce su acto de Amor (su vida), establece las pautas de un modo de vida cuyos valores de conductas morales sólo pueden llevarnos hacia una cultura y una sociedad superiores, realmente evolucionadas en los sentimientos.

Su acto de Amor es un camino que debemos recorrer los humanos desde nuestra mediocridad, y que sólo es posible recorrer con la práctica de la vida y el perfeccionamiento de nuestra personalidad.

Muchos hombres maravillosos quedaron eclipsados con la luz que producía la acción del Maestro, y cuando ellos lo aplicaron a la práctica de sus vidas nuevamente lució el mayor de los sentimientos: el Amor, produciendo nuevamente un efecto cegador sobre la humanidad, abriendo nuevas brechas en la senda de una cultura superior. Una luz que se hace camino de progreso para muchos humanos, aunque la mediocridad vuelva a reinar en la aspiración de este sentimiento pleno.

Me viene a la memoria Francisco de Asís: personas como él movieron a la humanidad mediante el ejemplo; práctica en la vida, sin la cual el Amor no puede existir, luciendo de nuevo un sentimiento hacia la más alta cumbre. A veces he intentado imaginar un mundo con hombres de la catadura moral de estas personas. ¿Dónde estaríamos ahora? No puedo concebir lo que sería de este mundo.

Si unos cuantos lo han logrado, la plenitud del Amor es posible. Realmente el mundo sería un lugar donde todos nos podríamos *Sentir Bien*.

"*¡Amor!* —escribe Juan Ramón Jiménez—.
Todas las rosas son la misma rosa,
¡amor!, la única rosa,
y todo queda contenido en ella,
breve imagen del mundo,
¡amor!, la única rosa".

Paracelso, transcrito en la introducción de la obra de E. Fromm *El arte de amar,* dice:

«Quien no conoce nada, no ama nada. Quien no puede hacer nada, no comprende nada. Quien nada comprende, nada vale. Pero quien comprende también ama, observa, ve... Cuanto mayor es el conocimiento inherente a una cosa, mayor es el amor.»

El Amor es la forma sutil con que el poeta es capaz de entender esta fuerza misteriosa y profunda que todo lo abarca, ya que su naturaleza resulta enigmática y muy escurridiza. Tan simple como lo más elemental que podamos imaginar y tan grandiosa como la mayor fantasía.

A unos, la palabra le puede sonar blandengue y cursi; a otros, esencial y trascendente. Hay quien lo vive de un modo radical con otra persona, otros lo experimentan de manera pragmática y como algo natural.

Y aunque lo estemos ahora connotando de una manera genérica, el Amor como fenómeno es un hecho real, y tan real como lo es un objeto o como lo pueda ser un hombre.

Su existencia es un fenómeno social y tiene una realidad individual; también su naturaleza es endiabladamente psicológica, sentimental y emocional.

Es un fenómeno psicológico que podemos experimentar en la cotidianidad de la vida. El Amor en plenitud supone un crecimiento interior relacionado con los sentimientos. No se puede vivir el Amor en el ámbito de una emoción corriente. Él es la gran emoción, la mayor alegría y el sentimiento más grandioso.

Es curioso, surge en el antagonismo de una dualidad, con la que forma la otra cara de la moneda, la ambivalencia de los sentimientos: amor-odio.

Existe el Amor, que, al desaparecer su esencia —la persona—, puede llegar a odiar tan profundamente como amó. Esto sucede en la vida real.

Los celos son la patología de una expresión amorosa —pasión—. Quizá el sentimiento sutil y maravillo que es el Amor se confunda fácilmente con otras cosas y se haga enamoramiento, se haga celo, se haga crispación, y se puede tornar odio.

¡Voilá!, estamos en el mundo de la afectividad. Pero nada de eso es el Amor sino su propia patología; o sea, la patología de los sentimientos. El Amor, como el mayor y más singular de los afectos humanos, tiene muchas esencias.

«*La envidia* —escribe Fromm—, *los celos, la ambición, todo tipo de avidez, son pasiones; el amor es una acción, la práctica de un poder humano, que sólo puede realizarse en la libertad y jamás como resultado de una compulsión. El amor es una actividad, no un afecto pasivo; es un "estar continuado", no un "súbito arranque".*»

Recuerdo a tío Roberto, un hombre mayor, de grandes ojos negros y cara rosada, como la de un labriego curtido; siempre llevaba una boina calada típica del ambiente rural. Jamás se le notó, en toda su vida, hacia la mujer que a amaba, el menor atisbo de celos. Pero no hay bien que cien años dure. Un buen día se obsesionó con que su mujer le engañaba, y tuvo arrebatos de celos.

A tío Roberto, que era un hombre de gran amabilidad y entrega, se le vio abatido por la patología de sus emociones. Estaba inhibido, muy interiorizado y terriblemente solo. Se había encerrado en la profundidad de sí mismo, todos creyeron que había enfermado.

Nadie está libre de una quiebra en el mundo de los sentimientos. No podemos confundir las pasiones humanas con el Amor.

Cuando en las parejas surgen esos casos de terribles sucesos donde los celos terminan con muerte, o con una profunda desesperación, el Amor desaparece y queda en su lugar la patología de las emociones.

Las pasiones humanas son sentimientos poco evolucionados; en la escala del tiempo se corresponderían con la instintividad animal de la cual el hombre ha ido despegándose. Sin embargo, aún queda en nosotros una enorme estela de animalidad.

Deberíamos caracterizar al Amor frente a todas esas pasiones como la contraposición de los sentimientos, por eso están tan próximos. Del Amor parece que podemos pasar al odio con una enorme facilidad —ambivalencia de los sentimientos—. Podemos creer que el Amor es el día y las pasiones la noche. Mientras un sentimiento como el Amor tiende a la integración y a la armonía, las pasiones lo hacen hacia la desintegración y la desarmonía.

Mi perro, que es bueno y noble, al que yo amo como un perro íntimo, y al que estimo como una maravilla de la Naturaleza, tiene la costumbre de subirse al sofá, y aquí ya partimos las nueces.

Yo le digo enfadado «¡Bájate!», y me irrito con él. Mi perro, fastidiado conmigo, defiende su posición, y entonces su nobleza se torna agresividad y me enseña sus dientes de un modo terrible.

Yo he tomado la actitud de dominarlo no enfrentándome directamente a su naturaleza agresiva. Así hemos integrado nuestra impulsividad —la de mi perro y la mía—, pues en otro caso mi casa se hubiera tornado un campo de batalla cuyo perdedor hubiera sido yo.

Todos los seres humanos poseemos, en nuestra alma, cantidades ingentes de aspectos pasionales, de sentimientos y emociones desbordados, y no pasa nada. Pero, precisamente, quien parte de su propia fragilidad y trata de superarse, emprendiendo un camino de perfección, de Amor, es capaz de actos maravillosos.

No hay sentimiento como el Amor para vencer cualquier cosa negativa. Para vencer al «animal» que todos llevamos dentro no hay nada como el Amor. Éste sólo es posible gracias al fruto del trabajo con nuestra personalidad orientada al entorno, hacia los otros, hacia lo social. Es imposible experimentar el sentimiento del Amor desde el aislamiento personal.

Fromm lo llama separaticidad. Cuando nos interiorizamos, aislándonos, si lo hacemos de un modo permanente y como formando parte de nuestra personalidad, corremos el riesgo de enfermar psicológicamente. Ésa es la base de la experiencia de una fuerte angustia.

Nunca en la historia hemos estado más comunicados entre los seres humanos, pero también es verdad que nos recorre una enorme ola de aislamiento, de reclusión interior de nuestro auténtico yo. Nunca el individualismo ha sido tan fomentado como en la actualidad.

Quizá hoy en día exista esa separaticidad con más evidencia que nunca. *«La conciencia de la separación humana —sin la reunión por el amor— es la fuente de la vergüenza. Es al mismo tiempo la fuente de la culpa y de la angustia»,* escribe E. Fromm.

Que nuestra sociedad muestre una actividad de interacción (relación social) muy elevada no significa que en esa socialización el hombre deje de estar separado, en soledad.

En el fondo, la pérdida de la espontaneidad, el temor de exponer ante los ojos de los demás nuestro auténtico yo, es algo muy común en nuestra experiencia diaria.

Nuestra palabra ha dejado de tener valor, todo debe estar escrito. Lo que se dice hoy no vale para mañana. Nadie se fía de nadie. Existe una gran desconfianza entre los seres humanos, y eso está generando una sociedad conflictiva. Éstos son claros síntomas de que, en el fondo, nuestra sociedad pertenece a la cultura del individualismo.

Hoy en día, lo económico es el alma de los pueblos y, aunque reconocemos su importancia, debiera ser menos importante que otros aspectos esenciales para el hombre. Nos estamos abandonando en un materialismo atroz.

La fuente de la culpa y de la angustia es el aislamiento que sufre el espíritu humano en su profundidad. En ese aislamiento, es imposible que triunfe el sentimiento y la cultura del Amor. La angustia y la culpa que nacen en nuestra sociedad son las que provocan que exista una cultura tan desequilibrada y alienada como la nuestra, por mucho que se diga que nuestro mundo es de bienestar.

Estamos, quizá, espiritualmente en un momento bajo, o al menos nos encontramos en un hito de gran inquietud espiritual.

Frente a la cultura del individualismo se opone la cultura del Amor. ¿Pero cómo podemos llegar a ella desde nuestro individualismo? *«La necesidad más profunda del hombre es* —escribe Fromm—, *entonces, la necesidad de superar su separaticidad, de abandonar la prisión de su soledad.»* Abandonar nuestra prisión de sujetos aislacionistas, individualistas, egoístas, acaparadores, triunfadores sin límites, egocéntricos, materialistas...

La unión entre los hombres sólo es posible en el sentimiento del Amor, y esto no es una utopía, es una realidad palpable que ninguna cultura, en la historia de la humanidad, ha conseguido en su plenitud.

Aún no se ha logrado una cultura superior sobre la base del Amor. *«El hombre* —*de todas las edades y culturas*— *enfrenta la solución de un problema que es siempre el mismo: el problema de cómo superar la separaticidad* —escribe Fromm—, *cómo lograr la unión, cómo trascender la propia individualidad y encontrar compensación.»*

Parecería que estemos hablando de bodas cósmicas, pero nada de eso.

Recordando un tema religioso, en una comunidad venerable se participaba de la idea de que ninguna persona se puede salvar sólo ella. La salvación del alma se puede dar en forma colectiva. Los unos salvan a los otros. Cristo está siempre donde en su nombre hay más de uno. Existe una conciencia de esa unicidad de las almas. El mismo Dios es triple en su unidad.

Está muy claro que el Amor es un sentimiento interactivo, de acciones recíprocas entre los individuos. Para que predomine, en esa interacción, un sentimiento de

Amor auténtico, libre y pleno, se parte de la idea de que las personas deben haber conquistado un grado superior de desarrollo personal.

Cristo, durante su vida, obtuvo un grado de desarrollo superior en el sentimiento del Amor, así que cuando interactuaba, con sus acciones y palabras, con los apóstoles —con un desarrollo espiritual inferior— siempre se establecía una dialéctica entre la razón de sus pensamientos y las acciones de sus discípulos, que no llegaban a comprenderle.

Si en una sociedad existen individuos con un sentimiento de Amor muy desarrollado, sus interacciones pueden entrar en el terreno de la incomprensión de otros que estén menos evolucionados en este sentimiento.

Eso sucede en nuestros días con seres humanos, escasos, que son la luz del mundo por sus acciones y pensamientos; llenos de unión y sentimientos de Amor. Ellos son la única posibilidad de arrastre que tenemos para llegar a una cultura del Amor. Es decir, una sociedad de personas que logren, en el plano individual, superar los escollos de una personalidad imperfecta.

Todos los seres humanos tendemos a unirnos para escapar de la soledad. La interacción que exige el Amor la confundimos con el gregarismo. Así que nuestra sociedad se une en la banalidad, en una perpetua comunicación incomunicada en gustos y modas. «*Si soy como todos los demás* —escribe Fromm—, *si no tengo sentimientos o pensamientos que me hagan diferente, si me adapto en las costumbres, las ropas, las ideas, al patrón del grupo, estoy salvado; salvado de la terrible experiencia de la soledad.*»

Pero ésa no es la auténtica solución. De hecho, es lo que estamos haciendo, y es por lo que las personas caemos más que nunca en una profunda crisis de angustia y de identidad personal.

Ése no es el camino del Amor interactivo pleno. El Amor interactivo pleno y maduro es el que en la unión salva la individualidad. Es decir, que respeta la propia personalidad y se une a las demás de una manera noble y equilibrada.

En este sentido escribe Fromm: *«El amor maduro significa unión a condición de preservar la propia integridad, la propia individualidad. El amor es un poder activo en el hombre; un poder que atraviesa las barreras que separan al hombre de sus semejantes y lo une a los demás; el amor lo capacita para superar su sentimiento de aislamiento y separaticidad, y no obstante le permite ser él mismo, mantener su integridad.»*

Sólo una cultura universal basada en el Amor puede poner en marcha de manera natural una declaración universal como la de los Derechos Humanos —1943—, que simplemente, por extraordinaria que nos parezca, trata de derechos elementales.

Nos parecen extraordinarios por la primitiva cultura que vivimos exenta de la unicidad que da el Amor, pues es una realidad que aún no se ha logrado universalizar y que continuamente se está transgrediendo.

«Considerando que la libertad —dice la Declaración de los Derechos Humanos—, la justicia y la paz en el mundo tienen por base el reconocimiento de la dignidad

*intrínseca y de los derechos iguales e inalienables de
todos los miembros de la familia humana...».*

La dignidad intrínseca del individuo es posible sólo
cuando entre los seres humanos se dé una interacción
basada en el Amor pleno y de ella surja la unión; sólo
así es posible considerar que los humanos somos una
familia.

Nos queda tanto camino por recorrer, vivimos en un
estadio tan primitivo con relación a la cultura del Amor,
que, cosas tan primarias y elementales como son los
derechos humanos, se están violando y pisoteando todos
los días:

*«Considerando que el desconocimiento y menosprecio
de los derechos humanos han originado actos de barbarie
ultrajantes para la conciencia de la humanidad —continúa diciendo la Declaración de los Derechos
Humanos—, y que se han proclamado como la aspiración más elevada del hombre, el advenimiento de un
mundo en que los seres humanos, liberados del temor y
de la miseria, disfruten de la libertad de palabra y de la
libertad de creencias...».*

Cuando se recoge, por parte de los hombres, el concepto de la conciencia de la humanidad, se está refiriendo a la esencia de la cultura del Amor; es decir, a la idea
de la unidad de todos los seres humanos en un mismo
sentimiento, en el cual, cualquier hombre que sea ultra-
jado en sus derechos individuales todos los demás lo
serán también, al unísono en su conciencia colectiva, en
su sentimiento de Amor más entrañable.

Sólo en la cultura del Amor esto es posible. Sólo en ella podemos lograr un mundo donde los seres humanos queden enaltecidos por su dignidad. Aún estamos lejos de lograr que los derechos humanos sean simplemente parte de nuestra naturaleza. Por eso estamos lejos de la cultura del Amor. Queda mucho camino por andar. Pero es un camino que debemos recorrer todos desde nuestras conquistas personales, y desde nuestra unión con los otros, en una práctica de relación social realmente de Amor, en la cotidianidad de la vida, respetándome a mí mismo y a los demás como personas.

En un artículo de Maruja Torres titulado «*Los derechos humanos hoy*», se dice: «*Siempre en la cuerda floja, siempre vulnerados por los mismos; pero siempre hacia adelante. Podría decirse que las transgresiones de los derechos humanos que, cincuenta años después, se cometen en numerosos puntos del planeta, hacen sangrar los informes de las instituciones humanitarias, hacen sangrar la conciencia de la fraternidad... los derechos fundamentales son violados a lo bestia, o en mínima proporción, en ciento diecisiete países...*».

Los hombres estamos luchando colectivamente por la idea de la unidad de la conciencia de la humanidad, donde estemos implicados y representados todos y cada uno de los seres humanos.

Esta idea de conciencia de persona humana es, quizá, el proceso de humanización más importante, dentro de la evolución natural de nuestra especie, y nos está llevando, paso a paso, hacia la cultura del Amor.

Aunque estemos aún en un estadio primitivo, en este proceso lento y tortuoso, en la adquisición de una conciencia universal de persona humana. Esto es mucho más importante que el enorme despegue tecnológico y científico que el ser humano está llevando a cabo en este tiempo, aunque parezca lo contrario.

La ciencia, la protección de la naturaleza, y de nuestro planeta en general, sería simplemente una consecuencia mil veces potenciada en la cultura del Amor.

«En pocas palabras —escribe Antonio Tabucchi—, me estoy refiriendo a la conciencia y a la ciencia. Y no parece que ambas, en la historia de los seres humanos, discurran al mismo paso; todo lo contrario, presenta un desfase temporal tan clamoroso que constituye lo que ha sido denominado "la paradoja de la civilización".»

Los derechos humanos son, para la conciencia colectiva humana, el mínimo paso elemental para la entrada del mundo en la cultura del Amor.

El Amor tiene que llegar por definición a la conciencia universal de los hombres, pero también a la concreción de la vida cotidiana de cada uno de nosotros.

Tenemos que lograr salir de nuestra mediocridad, y no sólo hay que establecer leyes elementales sino que las sociedades deben regirse por criterios de calidad en el terreno del intercambio social de individuo a individuo. Y para eso, cada uno de nosotros debe nacer a una nueva conciencia de persona, donde la libertad se instituya como norma e independencia.

«El amor es una actividad —escribe E. Fromm—, *no afecto pasivo; es un "estar continuado", no un "súbito arranque". En el sentido más general, puede describirse el carácter activo del amor afirmando que amar es fundamentalmente dar y no recibir.»*

Esto entra de lleno en una paradoja que se produce en nuestra cultura del egocentrismo. Casi todo está preparado en nuestra sociedad únicamente con el fin de recibir. Casi todo lo hacemos con la finalidad de recibir algo a cambio.

Nuestra sociedad está inmiscuida en una cultura mercantilista donde el trueque y el intercambio son las leyes más racionales.

Estos datos evidencian nuevamente que el mundo moderno se aleja de la cultura del Amor. De su práctica, aunque teóricamente la conciba, tal como los derechos humanos se conciben y se violan continuamente.

«Te doy para que me des», aunque sea afecto. Es la ley del hábito más extendido.

Sin embargo, la cultura del Amor predica *«el dar sin recibir nada a cambio».* En realidad, cuando se da sin esperar recibir, sí que se recibe algo a cambio, se produce la mutación entre los seres humanos, es posible la unión sin perder la propia identidad.

Cuando hablamos de dar, parece que eso del Amor exige de nosotros un gran sacrificio, significa estar fastidiándose siempre a uno mismo por los demás.

No tenemos por qué estar fastidiando todo el día. El intercambio (dar) entre los seres humanos se hace de manera espontánea sobre los valores humanos (la alegría, el humor, el conocimiento...).

Damos todo lo que tenemos de importante, como seres humanos, y en ese proceso también recibimos de modo espontáneo del otro lo que nosotros mismos hemos dado.

Para E. Fromm este fenómeno de interacción y de unión produce una acción de Amor, que es una creación puramente humana entre dos seres; dice este autor: *«Dar significa hacer de la otra persona un dador, y ambas comparten la alegría de lo que han creado. Algo nace en el acto de dar, y las dos personas involucradas se sienten agradecidas a la vida que nace para ambas. En lo que toca específicamente al amor, eso significa: el amor es un poder que produce amor.»*

En una cultura como la nuestra donde la ley del trueque está tan extendida, el principio altruista del *«Te doy a cambio de nada»* resulta irrisorio.

Sin embargo, es un valor fundamental. Si a ese «dar» se le une la voluntad del sacrificio personal, el valor del Amor crece como la espuma.

Cristo es el que simboliza el grado máximo de esta ley universal del Amor, con ella transformó al mundo, dio su vida por amor. La ley del sacrificio máximo se da en él con unos simbolismos realmente increíbles al entregar lo que un hombre puede apreciar más: su propia vida.

Él lo hace a cambio de nada. Y, sin embargo, la humanidad le reconoce su entrega, y su historia se mueve con vigencia a lo largo de dos mil años, con una fuerza de presente siempre viva.

Las acciones del Amor son fuertemente fructíferas, no nos dejan indiferente. En realidad, el Amor revoluciona el mundo frente a la ley del trueque que produce efectos al instante, siempre para olvidar, que no revoluciona ni nos hace mejorar.

El Amor es necesariamente la base de *Sentirse Bien*. No es una base de bienestar egocéntrica, cerrada sobre uno mismo, sino abierta al mundo.

Claro que ese «dar» se puede confundir. En nuestra sociedad se puede fácilmente ver que lavamos nuestras propias culpas sobre la base de un «dar» egocéntrico. Damos dinero para una causa humanitaria y así nos sentimos poderosos. Cuando damos nos sentimos potentes, capaces; pero luego en nuestras vidas, con nuestros amigos, con nuestra familia, en el trabajo, a lo mejor no somos tan dadores de cualidades humanas vitales.

Ésa sigue siendo la ley engañosa del trueque. *«Sin embargo —dice Fromm—, la esfera más importante del dar no es la de las cosas materiales, sino del dominio de lo específicamente humano. ¿Qué le da una persona a otra? Da de sí misma, de lo más precioso que tiene, de su propia vida. Ello no significa necesariamente que sacrifica su vida por la otra, sino que da lo que está vivo en él —da de su alegría, de su interés, de su comprensión, de su conocimiento, de su humor, de su tristeza—, de todas las expresiones y manifestaciones de lo que está vivo en él. Al dar así de su vida, enriquece a la otra persona, realza el sentimiento de vida de la otra al exaltar el suyo propio. No da con el fin de recibir; dar es de por sí una dicha exquisita.»*

En esa franja de la relación interpersonal entre los seres humanos estamos en la cultura del Amor. Pero, ¿verdad que estamos muy lejos de tal logro?

Sin embargo, el ser humano se encuentra andando lentamente sobre ese camino, revolucionándose poco a poco en su personalidad, creciendo en sus propias posibilidades humanas, en su conciencia más profundamente personal y colectiva.

La dicha exquisita del dar es la práctica más benefactora para *Sentirse Bien,* y la máxima terapia que un ser humano puede realizar.

«Amor mío, amor mío.
Y la palabra suena en el vacío. Y se está solo.
Y acaba de irse aquella que nos quería.
Acaba de salir.
Acabamos de oír cerrarse la puerta.
Todavía nuestros brazos están tendidos.
Y la voz se queja en la garganta.
Amor mío...»

El último amor, Vicente Aleixandre

«El amor es la preocupación activa por la vida y el crecimiento de lo que amamos —escribe Fromm—. *Cuando falta tal preocupación activa, no hay amor.»*

El Amor necesita tener un objeto externo a sí mismo para poder ser fecundo. Si esa preocupación activa se dirige hacia uno mismo, tendríamos el logro de la autoestima positiva —amarse a uno mismo —, siempre y cuando el Amor también tuviese objetos fuera de él —Amor hacia las personas y las cosas que nos rodean— (*«Ama a tu prójimo como a ti mismo»*).

Si la preocupación activa se dirigiese exclusivamente hacia uno mismo, surgiría el egoísmo como la patología natural del Amor. El Amor puede cerrarse en círculos diversos, el Amor de la pareja es uno de ellos, el de la madre al hijo, el del hijo a la madre...

Pero existen los que son universales, el Amor a la naturaleza, a los animales, el Amor a los hombres, el Amor a la honradez...

Con cada cosa, o persona, que amamos, el Amor establece un vínculo de unión entre él y lo que se ama. Y ese sentimiento, como dice Vicente Aleixandre, «*Amor mío*», lo poseemos, pero no en el sentido acaparador del término sino también en el de ser éste un sentimiento esencial para hallarnos vivos nosotros mismos.

Cuando el Amor se dirige hacia las personas y existe reciprocidad en el sentimiento, el ser humano vive su esencia desde el orden más fecundo. Es entonces cuando el grado de la felicidad y bienestar se colman.

En la pareja, el círculo del Amor, centrado en dos seres, adquiere, en la fase de enamoramiento, un gozo máximo. Pero el Amor, en la pareja, se centra a lo largo del tiempo en la preocupación activa por el crecimiento de quien amamos, y si, a la inversa, recibimos la misma preocupación activa de la persona amada, es posible llegar a la máxima sensación de seguridad y felicidad que los hombres pueden tener.

Continúa escribiendo Aleixandre en su poema:

«*Cállate. Vuelve sobre tus pasos. Cierra despacio la puerta, si es que no quedó bien cerrada.*
Regrésate.
Siéntate ahí y descansa.
No, no oigas el ruido de la calle. No vuelve. No puede volver.
Se ha marchado, y estás solo.»

Lo peor que puede sucedernos en el mundo de los sentimientos amorosos es la pérdida del objeto del amor, pues deja de existir el universo que se había generado entre ambos y queda la soledad, que es la antítesis del Amor.

La persona queda psíquicamente huérfana y su dolor es terrible. Esto sucede cuando en la pareja alguno deja de amar al otro. Quien deja de amar ya no tiene una preocupación activa por el crecimiento del otro, y romper la pareja puede no suponer más dolor que el del trámite.

Peor resulta para quien sigue amando sin ser ya correspondido. La magia de la fusión ha desaparecido, la preocupación activa por el crecimiento del otro queda echada sobre un terreno baldío, apoderándose de la persona, durante un tiempo, las emociones y sentimientos negativos y dolorosos. Para rehacer el camino es necesario un tiempo de elaboración psicológica.

Termina así Vicente Aleixandre su poema del *Último Amor:*

«No levantes los ojos para mirarlo todo, como si en todo aún estuviera.
Se está haciendo de noche.
Ponte así: tu rostro en tu mano.
Apóyate. Descansa.
Te envuelve dulcemente la oscuridad, y lentamente te borra.
Todavía respiras. Duerme.
Duerme si puedes. Duerme poquito a poco, deshaciéndote,
desliéndote en la noche que poco a poco te anega.

¿No oyes? No, ya no oyes. El puro
silencio eres tú, oh dormido, oh abandonado, oh
solitario.
  ¡Oh, si yo pudiera hacer que nunca más despertases!»

El Amor desencadena infinidad de emociones y sentimientos, de tal modo que propicia el devenir humano más intenso. Él puede generar una revolución cultural en el entendimiento entre los hombres y puede crear en los individuos una ingente cantidad de sensaciones, emociones y sentimientos. Pero no debemos confundirnos, el Amor es siempre fecundo y positivo.

«El cuidado y la preocupación implican otros aspectos del amor —escribe Fromm—. El de la responsabilidad.» También esta característica está acompañada por el respeto sobre la base de la libertad.

Si tuviésemos que ir caracterizando al Amor, aparecerían una ingente cantidad de conceptos paralelos a la propia naturaleza de este bello sentimiento.

Cuando la pareja se ha perdido el respeto ya sabemos que ahí el Amor ha enfermado, no podemos *Sentirnos Bien.* La responsabilidad que atañe la unión que produce el Amor es la que hace prevalecer este sentimiento frente a la marea de la cotidianidad, y esto es responsabilidad.

Pero esto se confunde muchas veces en nuestra sociedad. Existe una ingente cantidad de parejas cuya relación es traumática, infeliz, de insatisfacción y frustración, y basan la continuidad de la relación en las responsabilidades que se adquieren.

La responsabilidad del Amor se basa en la madurez y en la comunicación; es una responsabilidad productiva.

Cuando nos encontramos unidos por la responsabilidad y no por el Amor, hay que buscar una solución a nuestras vidas.

Lo mejor es recurrir a la comunicación, al diálogo, al intercambio de impresiones.

Si no existe Amor, no hay nada en común entre los seres humanos. La ruptura puede favorecer el reencuentro con uno mismo y los demás, dándose la oportunidad de que nuevamente aparezca la energía más vital de la vida: el Amor.

Leí en una revista del corazón —«Pronto»— un pequeño artículo que se titulaba *«Relaciones infelices»*, y que transcribo:

«Muchas personas deciden seguir adelante con su pareja a pesar de la infelicidad y el sufrimiento cotidiano, sin olvidar la insatisfacción y frustración personal que esto causa. La explicación de por qué se mantiene una relación dolorosa debe buscarse en la elección libre y responsable de dos personas adultas, acostumbradas al sufrimiento y que creen que no hay otra solución posible a sus vidas.

- *Las personas que mantienen relaciones infelices suelen ser personas inseguras, que se sienten indignas de amor y que prefieren aguantar cualquier situación antes que sentirse solas o abandonadas.*

- *Otras personas se autoengañan pensando que son indispensables para la supervivencia de su pareja.*

- *También hay otros que no toman la decisión de poner punto final a una relación infeliz porque no son capaces de soportar el sentimiento de culpabilidad que ello le acarrearía.*

- *No hay nadie indispensable en la vida y todas las personas pueden sobrevivir a una ruptura amorosa.*

- *En ocasiones, la ruptura resulta positiva porque dan a las personas la oportunidad de madurar y descubrir nuevas facetas de su personalidad y de la vida.*

- *Vale la pena el esfuerzo que se necesita para mantener una relación siempre y cuando existan más satisfacciones que sufrimientos.*

- *Las personas son responsables de su propia vida, y con sus decisiones (o con la falta de ellas) van creando su historia.»*

La pareja es feliz si el uno y el otro se sienten bien. El equilibrio y el entendimiento son la base de una buena relación entre la pareja. Llegar a una situación así es un tema de continua búsqueda del amor entre ambos.

Las técnicas más sofisticadas que existen para lograrlo se encuentran en la continua comunicación y el diálogo abierto y sin barreras entre ambos, además de tratar de generar parámetros de comprensión en la vida común.

La armonía en las relaciones cotidianas es la base del éxito de la pareja. El día a día es el que establece un criterio continuado que nos permite asegurar si nos sentimos bien o mal en pareja; es decir, que podemos establecer unos vínculos o unos principios de convivencia basados en el equilibrio, y así lograremos quizá una base que podríamos denominar de felicidad.

Cuando estos principios fundamentales de equilibrio y armonía se rompen surgen los problemas de la pareja y, finalmente, la ruptura.

La pareja tiene como expresión más excelsa en su relación el hecho de que la base de su existencia debe fundamentarse en un plano igualitario de tratamiento entre personas, aunque de diferentes características.

Cuando existen muchas diferencias en los pareceres y las opiniones no debemos tratar de remarcarlas, más bien se debe aceptar que pueda ser así, y a partir de ello construir la convivencia. Si nos volvemos intolerantes y nos aferramos a nuestra opinión solamente, y vivimos todas las cosas con una cierta inflexibilidad, corremos el riesgo de generar en la convivencia diaria incomprensión, y de ahí queda un paso hacia el resentimiento y el rencor.

Lo que se opone al Amor y, por tanto, a los estados del bienestar y la felicidad, es ser egoísta y no tener presente al otro; cuando cualquier cosa de la pareja se hace pensando en el otro, el egoísmo queda evaporado y asegurado el estado de bienestar psicológico.

La intransigencia individualista es realmente una expresión del egoísmo que se opone a una relación equilibrada de la pareja. Cuando estamos cegados por esos sentimientos negativos en la convivencia puede suceder cualquier cosa.

El respeto mutuo, la sensación de *Sentirse Bien* y ser feliz consiste en que cada uno viva día a día realizado como persona, se sienta satisfecho en las necesidades y motivado por la convivencia. Aceptarnos tal como somos y aceptar al otro en su mismidad es la quinta esencia de la convivencia, después, por supuesto, de establecer un perenne respeto mutuo.

Esto no quiere decir que no podamos tener problemas y altibajos en las relaciones, pero lo importante consiste en superarlo. La manera de afrontar los problemas de la pareja debe siempre estar precedida por la comunicación y el diálogo. Si existen barreras en el diálogo, en la comunicación, la pareja comienza a desestabilizarse siendo el síntoma más claro de no encontrarse bien, es la antepuerta de la infelicidad.

Nuestra sociedad cada día avanza más en las ideas igualitarias, en no considerar las diferencias entre las personas como categorías insalvables, de calificativos bueno y malo.

Los hombres y las mujeres comienzan a ser simplemente personas complementarias y con características diferenciadoras, aunque queda mucho camino por recorrer en todos estos asuntos. Sin embargo, la educación hace hincapié en no resaltar diferencias de categoría sexista. Antes, el hombre era el centro de toda acción en la familia y su función resultaba de carácter dominante.

Cada día se hace más énfasis en que una pareja se compone de dos personas cuya característica fundamental de unión debe ser el tener en cuenta al otro desde un ángulo no egoísta y descentralizado del yo (es decir, renunciar a pensar sólo en uno mismo).

Esto quiere decir que los miembros de una pareja deben aparcar sus necesidades e intereses puramente personales para preocuparse por las necesidades y los intereses del otro, y dejar aflorar el afrontamiento de nuestras necesidades y nuestros intereses de manera común. Ésta es la simbiosis más pura del Amor auténtico, la entrega desinteresada y sin medida al otro. Ésta es la base de la felicidad en la pareja. Las acciones que se pueden realizar en esta dirección son múltiples:

— Soy generoso contigo.

— Soy sensible a todo lo que tú representas.

— Observo cuidadosamente todo lo que a ti se refiere.

Pero estas cosas se tienen que demostrar en la cotidianidad de la vida a través de los pequeños detalles que son el corazón de los sentimientos y de los afectos.

Cuando las personas están enamoradas, los primeros tiempos son hermosos y llenos de una intensidad sin igual, de una entrega sin parangón. Es una época donde los pequeños detalles vuelan por doquier, aparecen espontáneamente. Uno queda como abandonado hacia el otro, objeto de todo el interés. Nos preocupamos intensamente del otro.

Está muy claro que esto es fácil en la fase del enamoramiento y mucho más complejo y difícil en la cotidianidad de la vida. Sin embargo, es inmensamente bueno estar siempre sensible hacia el otro, preocupado por sus cosas, atento a sus problemas.

La expresión de esta sensibilidad se pone con especial énfasis cuando tenemos detalles con nuestra pareja (esas caricaturas que se hacen muchas veces con la acción de los regalos es una manifestación de lo que decimos).

Los detalles no se tienen que circunscribir a objetos materiales, sino que deben imperar los obsequios afectivos y de carácter humano que deben ir cargados de un amor auténtico.

Te tengo en cuenta y me preocupo por tus cosas, me olvido de mí mismo para pensar en ti. Mi regalo es en el fondo un regalo de sentimiento amoroso profundo.

A veces, en la relación de pareja hay que olvidar, aceptar aquellos fallos que pueden inflingirnos dolor. Hay que perdonar. Y luego continuar. Hay que aceptar que sucedan multitud de eventos en la cotidianidad de la vida, y lo que hay que conseguir es que la mayoría de ellos nos unan más que nos desunan.

LA CULTURA DEL AMOR

- El Amor es un valor humano universal (no sólo se da en nuestra especie). Es un profundo sentimiento. Una realidad sin la cual no es posible vivir. Es necesario para poder ser feliz y *Sentirse Bien*. Sin Amor estamos aislados y presos en nosotros mismos. El Amor se construye en el interior de la persona. Es la capacidad de amar al prójimo. El Amor nos viene dado y a la vez hay que construirlo, edificarlo, desarrollarlo mediante la ACCIÓN (es decir, acciones concretas efectuadas sobre la vida).

- El Amor es un sentimiento superior cuyo desarrollo hace de la persona UN SER TAM-

BIÉN SUPERIOR Y PLENO en todas sus dimensiones. Es el destino evolutivo del hombre natural. Es el hombre propio de la CULTURA DEL AMOR, cuya existencia en masa sobre la Tierra nunca ha existido aún como realidad.

- El AMOR EN SU PLENITUD es un bien raro de encontrar. Cuando se da en un hombre en estado superior es capaz de revolucionar la mediocridad que le rodea. El Amor en plenitud es siempre una revolución para el entorno. Un ejemplo de ello lo constituye Cristo; también son innumerables otros ejemplos.

- El Amor es la mayor grandeza del espíritu. Es una forma de conocimiento diferente a la que el hombre genera con su capacidad cognoscitiva. No se construye por la inteligencia sino por otras cualidades, como la humildad, la caridad, la solidaridad, la comprensión, la entrega... Todas esas virtudes superiores dan un conocimiento y una sabiduría al hombre, superior a la que pueda obtener mediante otros procesos psicológicos y mentales.

- El Amor se puede producir sólo en la interacción con el otro; y desde luego nace y crece cuando la personalidad del individuo va también creciendo y desarrollándose, no en el sentido natural, sino en el espiritual. Existen personas muy inteligentes con escaso desarrollo en el Amor, y otras más sencillas con una gran capacidad en este sentimiento.

• El Amor está en plenitud en las cosas sencillas, sólo hay que verlo y oírlo («Hay quienes teniendo vista no ven y teniendo oídos no oyen»). El Amor entraña grados evolucionados de sensibilidad, sentimientos y afectos, a través de lo cual es posible nuestra entrega al prójimo. Los padres se entregan a los hijos, los hijos a los padres; el esposo a la esposa, y la esposa al esposo; es posible la entrega al desconocido; podemos entregarnos a cualquier evento y en cualquier situación.

• El Amor es convergente y creador, dinámico y positivo. Es espontáneo y experimental (su realidad se debe no a que lo concibamos en nuestra mente, sino a que lo podamos crear en nuestra vida). El Amor no es una entidad acabada sino un proceso, un camino. Los seres humanos nos diferenciamos en que poseemos diversidad de grados de perfección en el Amor.

- Los seres humanos estamos evolutivamente en estadios diferenciales ante este sentimiento, igual que sucede con la inteligencia, el conocimiento, el poder y la riqueza. Y puede suceder que la persona más pobre de la Tierra sea superior en Amor a un presidente de estado.

- La vivencia del Amor da al hombre una dimensión humana superior; podría ser la base de una cultura y una sociedad superdesarrolladas, pues el eje de la cultura del Amor establecería sobre la Tierra un orden nuevo, no experimentado jamás en la historia de la humanidad, aunque sí concebido por la religión y la filosofía. Un modo de concebir esa cultura es el que proyectó Cristo a través de su vida. Modelo que no ha germinado en plenitud sobre el común de los hombres, y que el ser humano aún concibe como un camino. Un camino con avances y retrocesos en sus valores.

- Si todos los seres humanos evolucionásemos mucho en la plenitud del Amor, el mundo sería de otra forma, quizá inimaginable. Ni la ciencia ficción podría concebirlo. Esto es así porque el Amor no es un concepto ideado por la mente, sino una realidad tan tangible como lo es un hombre o una mesa. No nos viene dado a los hombres porque sí, hay que construirlo, hay que crearlo, hay que generarlo, hay que luchar por ello, tanto de modo individual como en colectividad. En este terreno de la evolución de la vida, los seres humanos estamos en un estadio muy primitivo de desarrollo; quizá seamos los dinosaurios de esa evolución superior, y los grandes hombres de nuestra historia sean los pequeños mamíferos que ya vivían por entonces abriéndose paso hacia un nuevo modelo de adaptación (sé que la parábola resulta grosera, pero podría servir como ejemplo).

- El Amor siempre es un sentimiento que tiende hacia la integración y la armonía. No es pasión, ni arrebato. Es coherencia y acción positiva sobre la vida, estable y permanente. El Amor es, sobre todo, superación de uno mismo, teniendo en cuenta a los demás. Quien partiendo de su propia debilidad se supera es alguien que está evolucionando en el Amor.

- El culto al individualismo y el egocentrismo es un mal contra el Amor, es la base de la patología de muchos males psicológicos. El materialismo salvaje de nuestra sociedad es un grave mal que somete al Amor a su desintegración.

- La unión auténtica entre todos los hombres sólo es posible gracias al Amor. Es la fuerza que evita la separaticidad humana, el individualismo, y nos acerca al bien común. El Amor no anula al individuo como persona, sino que lo ensalza, lo respeta y lo unifica al todo (que son los demás). La alegría, por ejemplo, es una emoción que tiende a compartirse; eso sucede con el Amor.

- El Amor nos llevará hacia una conciencia colectiva y universal de todos y cada uno de los seres humanos, y éste es, quizá, el camino de evolución más importante que vive nuestra especie en su proceso de humanización creciente (filogénesis). Éste es el gran reto de la humanidad, no su evolución tecnológica; eso vendrá por añadidura de un modo mucho más profundo como consecuencia de vivir en sociedades culturalmente superiores.

- El Amor basa casi toda su fuerza en DAR; sin embargo, nuestra sociedad basa parte de su estructura en la idea de RECIBIR, lo cual da cuenta de nuestro primitivismo. Dar significa compartir nuestra alegría, nuestra felicidad; sin embargo, en nuestro mundo predomina el bofetón psicológico, la crítica destructiva, el malestar proyectado en una medida endiablada. El Amor es alegría pero también, si llega el caso, es sacrificio y renuncia, responsabilidad, y en esa negación de uno mismo, en esa renuncia, es donde el ser humano encuentra su más alta dignidad. Ésa es la metáfora más entrañable que nos da como modelo Cristo cuando da su vida por la humanidad.

• Cuando el Amor encuentra reciprocidad en el otro se establecen grados de felicidad y la posibilidad de *Sentirse Bien*. La pérdida del objeto de amor es siempre dolorosa y necesita de una profunda elaboración psicológica.

• La pareja que vive el Amor desde una dimensión dual debe avivar su llama continuamente en el respeto y la entrega, en la comunicación y el diálogo.

CAPÍTULO III

EL DINERO, ¿HACE LA FELICIDAD?

Dicen que el dinero no da la felicidad, pero ayuda. Lo cierto es que nuestra sociedad es eminentemente economista. Todo gira alrededor de la «pela». Si uno llegara a no tener dinero se saldría rápidamente del sistema. Así que tenemos un gran temor a que eso pudiera sucedernos, y lo evitamos, y luchamos, y nos atosigamos y estresamos.

Sabemos que sin dinero en el bolsillo —cuentas bancarias— quedaríamos presos de la marginación; podríamos llegar a ser un magnifico vagabundo, un ser desheredado cualquiera; estaríamos a merced de la caridad y, por supuesto, perteneceríamos a la clase marginal de la sociedad.

Esto, en el supuesto de que no fuésemos persona dependiente de otra; en tal caso, quien no tiene peso económico específico suele estar bajo las reglas y las normas de quien le protege.

Así los hijos están sujetos a sus padres, y las esposas (o esposos) no productivas (o no productivos), a sus maridos (o mujeres). En cualquier sistema de dependencia económica quien predomina es el que tiene las «pelas» (o sea, los euros). Así los jefes predominan sobre los subordinados.

El dinero establece una jerarquía clara y ramplona: quien lo posee tiene el poder. Quien posee poder económico posee poder humano. Esto es válido para cualquier situación social que analicemos, no importa su categoría y clasificación, familiar o social. Todo está imbuido en un proceso mercantilista.

¿Por qué entonces el dinero no nos iba a dar la felicidad? Tiene que dar necesariamente la felicidad; el dinero tiene verdadero poder mágico y transformador. Cuando se trata del tema de las pelas (euros) cualquier asunto toma un cariz diferente. Si no tenemos dinero estamos bajo la dependencia del otro, o bajo la marginación social y la miseria.

Se impone eso del «tanto tienes tanto vales»; sin embargo, esto sucede en las culturas alienadas como la nuestra, donde el Tener predomina sobre el Ser.

Tener la bolsa llena supone mayor prestigio que si está vacía (en este caso puedes despedirte de ser incluso respetado). Con la bolsa vacía eres un don nadie, y con ella llena tienes todas las virtudes y cualidades posibles.

He visto a idiotas adinerados ser tratados como sabios reyes, y a reyes sabios, sin un duro, ser tratados como idiotas. He visto a gente rica mirar con desdén a gente pobre, siendo la gente pobre rica en sabiduría, y el rico, pobre en lo humano. Vistas así las cosas: ¿cómo no va a dar el dinero la felicidad?

El dinero instituye las clases sociales, doblega a las personas unas en beneficio de otras, establece un orden de jerarquía social rígido e insalvable mientras se es rico o pobre. Al pobre, el único consuelo que le queda es pensar que la muerte nos iguala a todos. Nacemos iguales y morimos iguales, pero en el tránsito de la vida tú eres tú y yo soy yo.

El dinero, ¿cómo no va a dar la felicidad? Se rumorea, con esto de la ingeniería genética, que el hombre podrá vivir multitud de años, que quizá encontremos un cierto camino hacia la inmortalidad. Claro que esa inmortalidad sería para los ricos y en aras de establecer muros insalvables.

Mientras nuestra cultura sea fundamentalmente economista cualquier horror humano será posible, y eso de que todos nacemos iguales será una patraña. El dinero debiera ser una herramienta para igualar en justicia a todos los seres humanos. A esta idea la llamaron comunismo, pero, como con tantas otras cosas, los hombres somos terribles, e hicimos de un ideal una gran pesadilla, así que Marx quedó para la historia como el demonio del siglo XX.

El dinero da la felicidad, pues, en nuestra sociedad, sin él, ¡cuán poco somos! Nos permite vivir en este mundo bajo cierta autonomía personal, de acuerdo con las reglas que marca el sistema. El dinero da poder. El dinero permite vivir bien. Nos libera del trabajo indeseado. Nos permite mantener la salud. Nos asegura la existencia. Da prestigio y honra...

Siempre había oído una frase malsonante en labios de personas que decían: «*Don sin din cojones en latín*», refiriéndose a que nadie en este mundo podía ser tratado con pleitesía si no era poseedor de dinero. Quien tiene pelas tiene «din» y si no a lo máximo que puedes aspirar es al «don» con «traducción» al latín.

Otra historia que escuché hace tiempo, y que llamó mi atención, era la de un indiano a quien llamaban en su pueblo natal José; al volver rico y poderoso de allende del océano, le saludaron con un clamoroso y reverencial «¡Don José!», a lo que él, dirigiéndose a su cartera, dijo esta frase: «¡Contesta, que a ti te hablan!»

La felicidad, según un dicho popular, que solemos invocar mientras elevamos una copa para brindar, desea «salud, dinero y amor»; perecería que éste es el meollo de cuestiones muy vitales para los seres humanos.

La salud siempre es lo primero y el dinero lo valoramos por delante del amor. Existe una cierta lógica en este orden, pues sin bienestar físico los seres humanos quedamos mermados.

La eutanasia es un tema que se debate entre la idea de la vida y la muerte libremente elegida por el hombre; existen personas que, por su pérdida de salud, desean morir, como fue el caso de Ramón Sampedro, quien finalmente se quitó la vida a consecuencia de estar parapléjico.

Sin embargo, la falta de salud no impide verdaderamente que el hombre sea feliz; muchos enfermos luchan con tanta energía, o más, que los sanos, por la vida, logrando una densificación de su humanidad realmente increíble. No cabe duda de que la salud acota el límite de la felicidad humana y nunca es deseable perderla.

Que el dinero vaya por delante del amor demuestra nuestro sentido mercantilista de las cosas. Incluso en el amor se actúa de acuerdo con asuntos económicos, de prestigio y poder; eso del «*Contigo pan y cebolla*» resulta hoy en día una falacia más grande que una catedral.

Son muchos los intereses de tipo económico que vician el fino sentido de la humanidad. Hay gente por el mundo que piensa que cualquier persona puede ser comprada con dinero. De hecho, la corrupción que acarrea el dinero es inmensa en la humanidad; a veces, vemos sumergidos en la «*mierda*» a instituciones, a naciones con sus núcleos políticos de poder, a empresarios...

El dinero tiene tanta atracción para los humanos como la gravedad de la tierra para la materia. No critico al dinero como esencia de nuestro modo de vivir, pero me pregunto: ¿realmente hace la felicidad? ¿Mejora a la especie humana o nos hace mezquinos e indeseables? Ni lo uno ni lo otro.

El dinero tiene mil caras. El dinerete no deja indiferente a nadie. ¡Mire con cuánta ilusión jugamos a los juegos de azar! Siempre, detrás, existe el deseo mágico de que podamos lograr una vida mejor, y eso de tener aspiraciones es bueno. Lo malo resulta cuando entramos en las obsesiones, en la avaricia, en el egoísmo. Por dinero dicen que se mata. ¿Merecerá la pena?

¿Quién no conoce, o ha vivido, la lucha salvaje entre familiares por herencias, aunque éstas sean de minúscula cuantía? Somos capaces de establecer disputas incalculablemente cruentas; de tal modo que resultan rotos los lazos afectivos de la fraternidad y la consanguinidad, y se levantan barreras insalvables de odio, cuando existe el más mínimo motivo de duda sobre el reparto de bienes.

El ser humano, en general, por dinero, resulta imprevisible y se manifiesta en esos planos, generalmente salvaje. Como si estuviera en la sabana defendiendo la caza obtenida por la cruenta garra de su mortal zarpa. En el fondo, en nuestra época, somos animales económicos en una selva social de infinitas tramas.

De hecho, en guerras como las de Irán, se ocultan razones que oscuramente la promueven por intereses de tipo económico.

Hoy en día, por intereses económicos, el ser humano es capaz de contaminar el planeta y llegar a ponerlo en peligro. Eso es lo que realmente se está debatiendo en la actualidad con el control de la contaminación ambiental. En el fondo, las pelas (euros) son las que mandan, aunque el planeta azul se vuelva gris, o tan inerme como Marte.

Es la codicia uno de los pecados de la humanidad poderosa, la que entraña el mayor peligro para la supervivencia de las especies, hombre incluido.

¿El dinero hace la felicidad? No estoy en contra de que regulemos el bienestar de la humanidad mediante cualquier sistema razonable. Pero me parece una injusticia que, mientras en cualquier lugar de África (por poner un ejemplo) un buitre aceche a un niño moribundo de hambre con ganas de comérselo vivo, otro hombre en Norteamérica (por poner también un ejemplo) sea dueño de una parte importante del mundo.

Estamos aún viviendo una época primitiva de compensación económica. El reparto de bienes, en la humanidad, supone hoy una clamorosa injusticia. Existe un auge, un éxito irracional de un capitalismo fiero, aterrador, egoísta, codicioso e inhumano, inmoral.

Las multinacionales no tienen fronteras y forman tales núcleos de poder que son capaces de enfrentarse a gobiernos e instituciones. Antes existía una cierta moral en las costumbres y las normas que regían los negocios. Hoy todo es impersonal, todo es «*macro*», aunque tampoco creo en eso de que cualquier tiempo pasado fue mejor...

Pero, volviendo al mundo de lo cercano, yo he visto destruidos ambientes familiares y amistades rotas, ambientes laborales asfixiantes por el «*maldito dinero*». Cuando se trata de dinero parece que todo cambia, las relaciones entre los seres humanos se estropean, es como si a un estanque de agua transparente tirásemos una piedra, que, al dar sobre un fondo fangoso, al instante enturbiase el agua cristalina.

Hay algo sutilmente confuso alrededor del tema dinero. Incluso las iglesias del mundo administran la «*bolsa*» de Judas con un mimo especial, y de sus bienes materiales hacen empresas productivas a tope. Sólo habría que mirar a nuestro alrededor para saber que esto es así: «*A Dios rogando y con la mano acaparando*».

Nuestra sociedad tiene un tufillo mercantilista que todo lo inunda. Mucha gente va por la vida creyendo que el auténtico valor de la felicidad y el éxito están relacionados con el dinero y el poder. Existe un desenfreno generalizado entre los hombres que tiene que ver con esta cuestión de las pelas. Parte de la falta de valores humanos de la que continuamente nos quejamos se debe probablemente a esto.

Aquellos de entre nosotros que nos hicimos utópicos y seguimos las reglas de una educación irreal, y tremendamente moralistas (las que nos dieron en los colegios), creímos, de verdad, que la vida era una cosa más sentimental, menos burda y más idealista; pensábamos que el verdadero éxito estaba en confiar en los demás (así nos lo enseñaron personas que hacían todo lo contrario), en ser respetuoso y anteponer la persona a las pelas, en cuidar la amistad y saborear el amor más puro y humano.

¡Cuántos palos!, hasta darnos cuenta de la realidad y del rollo de la vida. Muchos de esos idealistas podrían narrarnos cómo les va: desarraigados, sometidos, incomprendidos. La marginación, en una cultura cutre como la nuestra, comienza por el idealismo.

El dinero, en la actualidad, es tan básico como para el cuerpo es el alimento. No se trata de decir que las pelas sean malas o buenas. Lo bueno, o lo malo, es el fin que hemos hecho de ella. Así que todos corremos hacia la felicidad y el bienestar que producen, de tal modo que en eso nos dejamos parte de la piel.

¡Es una lástima vivir para eso!, pero decirle a usted que no vaya a la caza de las pelas resultaría un mal consejo para un libro que trata de encontrar el bienestar. Lo que sí le aconsejamos es que procure no hacer del centro de su vida algo puramente económico; claro que quizá usted me diga:

—Eso lo puede hacer aquel que tiene mucho.

¿Qué le voy a decir yo? Lleva usted mucha razón. El dinero no da la felicidad, pero ayuda en una sociedad mercantilista como la nuestra:

—¡Salud, dinero y amor!

Las emociones y los sentimientos que se ciñen a la vida son aquellos que nos abocan hacia los estados de ánimo interiores. Las cosas que nos rodean dejan huella en nosotros y nos hacen ser lo que somos: seres felices o infelices.

Por supuesto, el mundo interior, que es un complejo valle con multitud de tierras de cultivo, labranzas variadas y cosechas múltiples, deja su fruto, cosechas de satisfacciones o insatisfacciones, en sentirnos bien o sentirnos mal, en ser o no ser felices. Fruta madura que cortamos al final de temporada.

Cada uno de nosotros debemos aprender a ser campesinos avezados de nuestros labrantíos para sacar el mejor provecho posible de ellos. Son nuestros pensamientos, nuestras conductas y comportamientos, nuestros intereses y actitudes los que están de alguna forma haciéndonos sentir bien o sentir mal.

Según esta idea, cada uno debe ser artífice de su propio destino, trabajándose interiormente, quizá espiritualizándonos en algún caso, en otros trasladando nuestras propias convicciones internas al mundo de la realidad (haciendo lo que pensamos y sentimos) de un modo honrado y sincero, lleno de respeto y amor hacia nosotros mismos y el prójimo.

Lo que debemos lograr, en el mundo que nos rodea, no es exactamente una reproducción de nuestros egoísmos internos, sino la superación de los mismos por una maduración interior de la persona.

Hay que densificarse interiormente a través del logro de una moral verdadera y correcta que trascienda hacia los demás; quizá se trate de reencontrar un camino perdido tal como en la parábola del hijo pródigo: éste vuelve de nuevo a su hogar.

La infelicidad global de la sociedad del bienestar se genera por un cierto quebrantamiento de los valores humanos, que, se dice, han sido olvidados y que hoy en día tienen tan fuerte reclamo social.

Una sociedad de la competencia y del individualismo, materializada hasta la saciedad, donde el proyecto del hombre se desvincula de su propia humanidad, es el resultado evidente de una menor cota de felicidad y un avance hacia el estado de sentirse mal, de la búsqueda desenfrenada de nuevas formas para lograr huir de la crisis y del malestar.

El malestar en la cultura está servido por un sistema caótico de materialismo inmoral: la sociedad puramente económica.

Más allá de sus narices, muchos no ven nada, y se hace imprescindible un cambio de rumbo. No es que se reniegue del valor de lo económico sino que se trata de que lo dejemos en su lugar.

Hoy en día, la felicidad simplemente ronda muchas veces el logro de las aspiraciones económicas del hombre; quiero decir que esa felicidad inventada, imaginada por el ser humano, es un artificio que perseguimos como el perro persigue al señuelo de la liebre y, cuando lo tenemos y lo poseemos, se escapa nuevamente y adquiere otras formas y otras apariencias.

El malestar de la cultura se gesta, y se reproduce la sensación de no sentirnos bien ni satisfechos, de ser infelices y desgraciados. El ser humano pierde el rumbo y se encuentra en el proceso de una crisis profunda.

El materialismo de nuestra sociedad es un camino atroz y tortuoso para el encuentro feliz con uno mismo y con los demás.

Muchos años llevo como profesional en el mundo de la educación y nunca he sentido más rabia contenida, y un desaire más profundo, que cuando las patronales de la educación privada (aquellas que están hoy en día representando a los colegios de nuestro país) promueven en congresos y jornadas la idea de que los colegios son empresas donde los alumnos son clientes.

Todo está impregnado de ideas economistas, redundando también en una dirección profundamente materialista, e interesada, de las estructuras y del funcionamiento de la educación: ¿qué cosas pueden llegar a esos clientes?

Estamos viendo cómo la familia queda abocada a una profunda crisis por cuestiones puramente económicas, y sus miembros se tornan intratables y con complejos problemas de ansiedad y estrés.

Todo gira alrededor de tener y poseer, y si no se logra llegar a la conquista del bienestar deseado nos sentimos mal, lo que afecta a la relación de pareja, y eso a su vez motiva el desencuentro, la incomunicación o la agresividad.

Los problemas, en la convivencia, están servidos; a su vez los hijos son víctimas del proceso, y ellos mismos aprenden cómo se mueve esta sociedad aplicando los mismos principios que asimilan de ella: «*el dinero es el valor más importante del mundo*», lo cual desorganiza la convivencia, la coherencia y la armonía de muchas familias.

El malestar de la cultura se gesta en esta dinámica; ese malestar es la infelicidad de una cultura rica pero sin norte ni meta; es decir, nos hemos quedado en el medio sin localizar el fin exacto que perseguimos con todo este jaleo de la sociedad del bienestar.

La mayoría de nosotros está abocada a una lucha sin cuartel por la subsistencia, por mantener el nivel de vida que nos hemos dado, y si no logramos mantener, o superar, ese límite estamos en el terreno del fracaso y de la infelicidad.

Así que perdemos los días de nuestra existencia sin ver más horizonte que esa terrible cotidianidad, que comienza cuando nos levantamos y termina cuando nos acostamos; aunque, eso sí, disfrutamos de vacaciones sometiéndonos a los hábitos de una sociedad estresada, y todo vuelve a empezar año tras año.

Para los seres de la naturaleza el ritmo de la cotidianidad es un estado que nos viene dado, pero podemos hacer un buen o mal uso de ese tiempo repetido y estable que suele ser nuestra vida.

Quizá se nos haya dado para que busquemos la felicidad y el bienestar a través del crecimiento interior, de la madurez personal, del encuentro con los demás, y no para estar sometidos a la ruleta de la fortuna: tengo o no tengo.

Las parejas que antes se casaban se decían, como ya expresamos anteriormente: «*Contigo pan y cebolla.*» Era la expresión de la aceptación de la vida por encima de todos los aspectos materiales.

Hoy en día quien «*no tiene*» es un don nadie a quien el desprestigio, o la ignorancia, abocan hacia la nada, mientras que el que goza de «*tener*» es alguien a quien respetar, no importa que sea un botarate, un insensible, un ideólogo patológico extremista, un bruto culto.

Para ellos van los honores y las estatuas, así que todo el mundo «*pierde el culo*» por «*tener*», pues lo del «*ser*» no da dinero. Y así nos va.

Nuestros adolescentes se hunden en la anorexia, la violencia crece por doquier, el estrés es una enfermedad oficializada, las depresiones van en aumento.

A lo mejor, la sociedad está en un momento donde se reclaman grandes cambios. No es que vayamos a renunciar a nuestro bienestar, a esa lucha por conquistar y doblegar el mundo de lo material; se trata de que lo humanicemos y de que todo ocupe el lugar que le corresponda.

Para perder el malestar de la cultura tenemos que encontrarnos con nosotros mismos, sentir la importancia de la vida en su simplicidad, volver los ojos hacia el interior y regresar para depositar nuestra mirada serena en el otro y, de ese modo, conseguir dar un sentido más profundo a lo cotidiano.

No resolveremos los problemas materiales de una forma mágica pero los contemplaremos de otra manera, y eso redundará en un crecimiento interior por encima de lo coyuntural; mantendremos más estable el sentimiento de amor y todos los aspectos positivos de la verdadera vida.

Nadie dice que no tengamos que sentirnos bien ganando dinero, ni que debamos renunciar a ello sometiéndonos a una vida espartana. Se trata de dar sentido a las cosas que hacemos para encontrarnos bien, de priorizar las cosas.

Por ejemplo, si para ganar dinero tengo que «*putear*» a alguien, o ser un «*cabrón*», lo mejor es respetar al prójimo y dejar de «*ganar*» —sea lo que sea—, considerando a los demás como hermanos.

Si la vida me favorece y con ética y corrección obtengo y puedo realizarla ganando dividendos, estupendo, mientras que eso no desequilibre mi propia existencia. Desgraciadamente, lo que impera en los negocios es la deshumanización, el mercantilismo, la separación radical entre lo que son mis sentimientos y lo que es el negocio; al menos, así he oído decir yo a muchos empresarios: «*Si te dejas llevar por los sentimientos te hundes.*»

Por ejemplo, si en la familia, por el ansia de aparentar y de ser más que los demás, me endeudo y vivo por encima de mis posibilidades, es un grave error pues esa meta puede llevarnos a conductas desenfrenadas y generar tal tensión en los planos familiares que desembocan en graves crisis.

Matrimonios que se adoraban, finalmente terminan siendo enemigos acérrimos en su convivencia diaria, ya que los problemas ajenos al amor inundan sus emociones cegando cualquier canal de comunicación y diálogo.

El ansia de vivir por encima de las propias posibilidades nos puede generar estados de malestar que nos conducen al desequilibrio y a la ausencia de felicidad. Debemos vivir pues con moderación según nos corresponda en el momento actual.

Esto no quiere decir que no aspiremos a mejorar nuestras finanzas y pretendamos una vida material mejor. Ahí interviene nuestro libre albedrío.

Todo esto sucede porque estamos en una sociedad profundamente influenciada por modelos mercantilistas, materialistas y egocéntricos. Miramos cualquier cosa desde el centro de nuestro ombligo. Las cosas giran a nuestro derredor, como en el sistema de Copérnico —la Tierra es el centro del universo—, aunque ya sabemos cuál es la realidad: la Tierra es un hermoso y pequeñísimo planeta que gira alrededor de un Sol de mediana categoría a las afueras de una galaxia cualquiera y dentro de un universo aún desconocido e inmenso.

Si todo lo miramos desde el interior de nuestro ego nos hacemos tan importantes que perdemos la visión objetiva de la realidad —lo del bosque y el árbol—. Eso está sucediendo con nuestro estilo de vida, quizá caminamos hacia la locura de la sociedad.

Los individuos pueden enloquecer, y las sociedades y las culturas también. La pela (euro) es algo centrípeto a nuestras vidas. Ello está relacionado con la naturaleza del «*tener*» frente a la del «*ser*».

Escuchaba yo en un bar de un pueblo, mientras tomaba un café, que un individuo alto, corpulento y de vida muy extravagante, vivía en unas condiciones poco normales y muy humildes, pero que portaba con orgullo un sello antiguo que había heredado de su padre. Él era el primogénito de una familia noble. Resulta que el corpulento hombre había heredado el título de conde de su familia.

En el bar se decía que los zagales le temían como al hombre del saco, e incluso se les amenazaba con llevarlos cerca de donde vivía si eran malos, lo cual era como dejarlos en la boca del lobo.

Lo que más llamó mi atención de aquella historia era que la gente, los que mantenían aquella conversación, se preguntaban cómo alguien de su categoría (un conde) podía caer tan bajo. No conocemos la historia profunda de este corpulento señor. Si no fuera conde nadie pondría en boca de los contertulios la naturaleza de aquel «*hombre del saco*» cualquiera. Lo que le daba un morbo especial era su condición basada en la herencia de poder y, posiblemente, de dinero.

El que tiene dinero se mueve por la vida con la seguridad de quien es respetado y admirado, y quien no lo tiene es un cualquiera. Así que éste es uno de los objetivos que se persiguen como base del éxito personal.

El dinero es la zanahoria que nos ponen delante para que corramos velozmente. Nos da seguridad, prestigio; ante los demás nos hace parecer inteligentes, incluso pueden darnos títulos que aseveren una cultura que no poseemos, o nos achaquen unas cualidades que no tenemos. El dinero es una varita mágica para vivir encerrados en una castillo de cristal.

Estaba yo trabajando en un colegio, en el departamento de orientación, con el equipo de personas que lo componemos, sobre un tema de un comunicado a los padres que se titulaba «*La Navidad: un tiempo para la familia*».

Surgió el tema de la solidaridad de los españoles; yo defendía la enorme importancia que tiene la solidaridad de nuestra sociedad con respecto a las desgracias acontecidas en países del tercer mundo.

Una persona del equipo se centró en un tema muy polémico diciendo que era fácil ser solidarios, para lavar nuestra propia conciencia, con los países lejanos, pero qué pasaba con los parados que finalmente llegaban a la indigencia y con su familia, con los inmigrantes, con los chabolistas que son vecinos de lujosas urbanizaciones; se preguntaba qué pasaba con la solidaridad que debemos a esos trabajadores que son explotados vilmente con los contratos basura por empresarios insolidarios y egoístas; qué pasaba con la solidaridad y respeto que debemos a nuestro vecino.

Esta persona se mostraba muy sensible a todo lo que es injusto socialmente y muy cercano a nosotros. Se planteaba si lo que hacía nuestra sociedad era lavar su propia conciencia mandando un dinero siempre deseable, pero con un cierto fariseísmo, ya que en nuestra propia casa quedaban tantas cosas por hacer.

Nada es incompatible, pero debemos crecer mucho desde el punto de vista moral para llegar a vivir el cambio que supone entender la vida cotidiana y la solidaridad con las personas más cercanas de una manera correcta para no caer en el fariseísmo más atroz.

A veces, somos como los avestruces que meten la cabeza debajo del ala para evitar el problema. Ése es el reto de nuestra cultura.

En los barrios más ricos de Madrid, donde viven las gentes más adineradas, se crean casas-fortaleza, llenas de vegetación, pero cerradas a cal y canto de todo contacto con el exterior.

La riqueza tiende a protegerse, a aislarse en sus expresiones con el entorno exterior, a ser egoísta, centrípeta, insolidaria. En la Edad Media se hacían castillos para defender la propiedad. El encastillamiento sigue siendo hoy en día una expresión que usan las personas más favorecidas desde el punto de vista económico.

Los más pobres dicen que dan más que los que menos tienen. Que cuanto más tienes más lo miras todo. Eso son los efectos centrípetos de la situación de tener mucho dinero. El encastillamiento de los ricos se expresa en el Nuevo Testamento con la frase: «*Es más fácil que un camello pase por el ojal de una aguja que un rico entre en el reino de los cielos.*»

Quizá sea ésta la expresión de cómo la riqueza mata muchos valores humanos y nos vuelve centrípetos en nuestra moral, cuando le dedicamos todo nuestro esfuerzo. «*¿De qué te vale ganar el mundo si al final pierdes tu alma?*», dice el Evangelio.

En mi adolescencia me contó un amigo íntimo cómo su tío había fallecido agarrando parte de su capital en la cama, desconfiando de los demás. Desde entonces, pienso que ésa es la muerte más vil que un hombre puede tener. Pero también pienso que ésa es la muerte más vergonzosa que una sociedad puede tener.

Si el dinero no es un instrumento para mejorar nuestras vidas colectivas el hombre pierde su rumbo, se hace inhumano. De ahí el peligro de que el mundo sea cada vez más rico, pero en el que sólo una minoría se beneficie de ello.

En una sociedad sana, llegará el día en que por el solo hecho de nacer todos tengamos la dignidad de una vida material cubierta, como un derecho inalienable para cualquier rincón del planeta. Y que en cualquier sitio donde un ser humano sufra necesidad sea esto un delito contra la humanidad.

El dinero debe valer para regularizar la justicia social. Por eso, si en la cotidianidad de la vida cualquiera de nosotros desea, a costa de cualquier medio, conseguir dinero para gozar del privilegio único de ser diferente y más que los demás, eso constituye una falta de valor que puede afectarle a la persona si no logra su objetivo, o encastillarle en un mundo injusto.

El dinero nos debe permitir vivir a nosotros y a todos los demás. Que nuestra felicidad monetaria sea la felicidad monetaria de los demás. Esa justicia social que perseguía el marxismo en sus teorías tendrá un día que llegar a ser verdad, pero sólo en un sentido natural y humano, no mediante imposiciones totalitarias.

Todos tenemos el derecho de gozar de una vida material digna, de una seguridad que nos proporcione el placer de vivir.

Hoy vivimos la ola de un capitalismo espeluznante y salvaje. Así que muchos seres humanos se caen de esas murallas del bienestar con los ojos vacíos y sin esperanza. El dinero no es malo y puede colaborar con la felicidad, pero sólo cuando seamos de verdad solidarios y hayamos creado un mundo para todos. Un mundo mejor.

En este sentido, el dinero no hace la felicidad, pero ayuda a organizarnos. Es un medio y no un fin en sí mismo.

EL DINERO, ¿HACE LA FELICIDAD?

¿Hace la felicidad?

Sin dinero «No Somos»   Da poder
Da «Don»

Dinero

Hace «clases»

Prestigia   Envilece
Desiguala
Asegura   Independiza

- Sin dinero, quedan dos vías para estar en la sociedad:
  1) La dependencia.
  2) La marginación.

Tanto una fórmula como otra somete al ser humano; así que si no queremos estar fuera de nuestro mundo tenemos que adaptarnos al principio: «"Tener dinero es lo mejor"». Lo cual no significa que sea el sistema mejor posible de organización social humana.

- Popularmente, se admite que el dinero hace la felicidad o, mejor, ayuda a encontrar la felicidad. Pero no es éste ya sólo un tema de felicidad sino de necesidad. Para vivir necesitamos tener dinero. Así que se establece una gran batalla por la adquisición de este bien, y se forma una sociedad eminentemente economista, materialista y fuertemente competitiva. Es la base de la diferencia de clases y su lucha, de la desigualdad, ya que unos poseen más que otros.

- En un sistema social de competencia se cree que todos podemos aspirar a tener mucho dinero, si valemos, si somos inteligentes y adaptativos. En el fondo, la lucha por poseer dinero establece el principio de la jungla, y a esto se le llama mercado de la libre competencia.

- El dinero es la personificación del poder. Las mentes sensibles han creído ver en él las fuentes del mal. Y no van las cosas muy desencaminadas si consideramos que potencia la avaricia, el desenfreno, la insensibilidad, el egoísmo, la corrupción y el crimen. Sin embargo, la mayoría de nosotros no somos criminales, sino seres sujetos a unas reglas de juego; pero por dinero se rompen los vínculos familiares, se destrozan las parejas. «Poderoso caballero es don dinero», escribe Góngora.

- Con el dinero, también en el sentido contrario, se ejecutan buenas obras, y es un medio para mejorar las condiciones materiales de las personas. El dinero es bueno cuando se instituye como medio, y malo cuando termina siendo un fin en sí mismo. El dinero alimenta el sentido del *Tener* frente al desalojo del *Ser*.

- El amor en una cultura como la nuestra está demostrado que se condiciona en la mayoría de los casos a parámetros y sistemas economistas. A veces no se ama a las personas sino a lo que representan, estatus, dinero, poder y prestigio. Por dinero se puede llegar a matar.

- Hoy en día existe un capitalismo fiero y despiadado que nos está golpeando con sus zarpas, y cuya contención resulta cada vez más imparable.

- El dinero puede generar ambientes enrarecidos, tremendamente inhumanos. El mercantilismo se ha asentado en nuestras vidas. Todo lo mercadeamos, incluso los sentimientos y los afectos.

- Asistimos como nunca quizá, según proclamamos a los cuatro vientos, a una etapa donde faltan los valores humanos. Pues esta falta de valores se da sobre una sociedad profundamente mercantilista y economista. Se ha establecido un profundo malestar en la cultura.

- Frente a una sociedad economista (tener) hay que establecer una sociedad humanista (ser).

- En este mundo de las pelas lo mejor es no vivir por encima de las propias posibilidades económicas.

- Tener dinero puede ser compatible con la felicidad si este factor de la vida es uno más entre otros muchos posibles.

- La mayor riqueza del hombre está en su interior y no en la cartera.

CAPÍTULO IV

SIN SALUD,
¿QUÉ SOMOS?

Dicen que la realidad humana no se puede entender sin tres aspectos esenciales, a saber: el cuerpo, la mente y la dimensión social.

Tres realidades mutuamente implicadas, que se afectan entre sí y conforman la naturaleza de ser hombre. La salud es un concepto que atiende fundamentalmente al cuerpo, pero que repercute en cualquiera de las otras tres esferas.

Si estamos enfermos, afecta no sólo al cuerpo sino al orden mental y social; si gozamos de salud, también. Cuando hallamos un equilibrio en todo lo que atañe al cuerpo, ese equilibrio también es de la mente, y se produce un estado de bienestar, que es una experiencia generadora de *Sentirse Bien. Sentirse Bien* favorece los estados de bienestar psicológico y corporal. Decían los romanos «*Mente sana en un cuerpo sano*», como base de un cierto equilibrio interior.

Ahora no nos interesaría hablar tanto de la salud sino como una forma de vivir con calidad. El hombre, cuando da calidad de vida a la cotidianidad de su existencia, está de alguna forma ganando en salud. Para estar bien, para *Sentirse Bien,* resulta muy importante vivir una vida sana.

La palabra salud la define en el diccionario como «*El estado normal del ser orgánico*» o «*El estado de gracia espiritual*».

La salud se gana día a día con nuestros hábitos, con nuestras costumbres. Nos la da la comida cuando nos alimentamos con equilibrio; nos la da el medio ambiente donde nos desarrollamos, si éste es bueno y está cuidado; la produce todo aquello que está a nuestro alrededor cuando nos place en lo que es corriente y sencillo.

La salud es un don que nace de nuestro propio equilibrio mental y de las satisfacciones que recibimos; está en nuestro entorno social cuando éste se nos proyecta provechoso y afable.

La salud es un don que recibimos gracias a las leyes del equilibrio. Cuando todo está compensado y equilibrado brota tan natural como una rama lo hace del tronco del árbol, o como el agua de un río corre por su cauce. Justo entonces el ser humano debería *Sentirse Bien,* pues no existe un don más preciado en la vida que el de la salud.

Esto, ciertamente, es una cosa, pero en realidad el hombre está tan desnaturalizado, persigue con tanto afán otros objetivos, que ha perdido el norte de disfrutar de las pequeñas cosas de la vida.

Me decía un amigo con mucho afán:

—A veces me quedo mirando a mis manos. Pienso en ellas, en lo que la naturaleza ha tenido que evolucionar para que yo las disfrute. Me maravillo de mis manos, y cuando las uso gozo, me siento bien.

Esa capacidad de sorprendernos ciertamente está muchas veces perdida en la cotidianidad de la vida. Nadie se sorprende fácilmente de esas cosas maravillosas que tenemos en el acontecer del día a día, como puede ser tener salud, tener vitalidad, o la de ser una persona simplemente que vive y disfrutar con ello.

Mirar al Sol o a la Luna. Oler una flor. Sentir que respiro. Disfrutar tu mirada... Las cosas sencillas producen un gozo inenarrable, profundo, imperecedero, maravilloso.

—Siempre que huelo en una pastelería un determinado olor a chocolate me recuerda parte de mi feliz infancia; ese olor me transporta hacia el pasado, rememorando hechos antiguos, y soy feliz con esa dicha sencilla.

Me dedico a estas cosas de la psicología; cuando me toca trabajar con niños muy pequeños siento un goce especial al estar delante de ellos. Me enseñan tanto sobre el disfrute de las cosas sencillas que envidio la natural nobleza humana de estas edades.

Podría ser maravilloso sentir, por los ojos de un bebé, un objeto de color, en sus manos manipulado una y cien veces, y quedar extasiado de los sonidos, de los movimientos, de las voces, de los gestos, de las caricias, del gorgoteo de sus labios...

Sentirse Bien a través de experimentar las cosas sencillas que a cada uno se nos ha dado es realmente algo extraordinario. Está al alcance de cualquiera, simplemente hay que descubrirlo en la cotidianidad de las cosas.

Mi amigo no sólo es una persona que sabe sorprenderse de las cosas sencillas como el valor que le da a la funcionalidad de sus manos. También ve cosas maravillosas en la capacidad de la gente para superar con entereza sus propias desgracias.

En una reunión con una comunidad cristiana, conoció a una mujer paralítica que estaba postrada en una silla de ruedas y cuya capacidad para hablar estaba muy mermada. Las palabras salían de su boca groseramente deformadas.

Mi amigo pudo descubrir que detrás de aquella mujer tan imposibilitada se encontraba una persona inteligente y sabia. Una mujer con una voluntad férrea y un espíritu encantador. Valoraba cuánto debió costar a aquella mujer su salud perdida y el sufrimiento que padecía. Me dijo, de un modo muy emotivo, que personas como aquellas eran seguramente a las que Cristo se refería cuando hablaba sobre los que serían los primeros en el reino de los cielos.

Y se refirió a sí mismo por lo dichoso que debía sentirse por estar sano y tener buena vitalidad. Agradecía su suerte y se sensibilizaba profundamente con las personas menos afortunadas.

Hay que valorar de un modo positivo (dando gracias) aquellas cosas con las que contamos para poder afrontar aquellas otras de las que carecemos.

La salud es un don diferencial de la que no todo el mundo goza, por lo que debería ser nuestra meta cuidar de ella con mimo y esmero. Cuidar y ser agradecidos con nuestro cuerpo no significa que tengamos que desarrollar el sentido de la arrogancia, de la altivez.

Hoy en día, como en muchas otras cosas, hemos pasado al culto desenfrenado del cuerpo. Uno echa una mirada a la publicidad y se puede anonadar al observar cómo se hacen contrastes desvalorizadores continuamente.

En un anuncio publicitario, tres hombres gorditos ridiculizan con su baile hortera y patoso a todos los que están gorditos. Otros personajes bellos y esbeltos representan la juventud, la simpatía y el bienestar. El contraste se hace para vender un producto edulcorante bajo en calorías.

El culto al cuerpo se ha instalado de tal modo en nuestra sociedad que es la causa de que muchos adolescentes incautos pierdan su salud contrayendo enfermedades psicosomáticas como la anorexia.

La anorexia es una patología potenciada por la imposición de los modelos sociales que hacen referencia al tipo de persona que debemos ser en cuanto al aspecto corporal (extremadamente delgados).

La salud, pues, tiene también una fuerte y clara referencia en asuntos psicosociales. Nuestros hábitos, de todo tipo, repercuten en el cuerpo, y esto condiciona nuestra salud.

Un hábito como el de fumar genera un influjo sobre el cuerpo que a la larga produce daños insalvables. Las drogas de todo tipo, y las legales como el alcohol, minan la salud de la población mundial.

Mantener nuestra salud pasa por educarnos en practicar ciertos hábitos cotidianos básicos. Existen males, como los causados por el estrés, que son capaces de minar la salud y nuestro equilibrio emocional.

Para *Sentirse Bien* y acercarse a un cierto equilibrio interior hay que mantener el cuerpo con una salud equilibrada; ello favorecerá nuestra felicidad personal. «*No hay nada como tener salud*», oímos decir frecuentemente.

Es necesario equilibrar al máximo nuestra vida, pero en un sentido natural y espontáneo.

SIN SALUD, ¿QUÉ SOMOS?

¡NO REALICE!

**DIETAS, ADQUIERA
UNA EDUCACIÓN
ALIMENTARIA**

MECANISMOS DE COMPENSACIÓN

Los mecanismos de compensación suponen:

— LEY: «Al dejar de hacer algo tendemos a suplirlo por otra cosa.»

— EJEMPLO: «Podríamos dejar de fumar por comer en exceso»... «Dejar de fumar por beber más alcohol»... ÉSTOS SON MECANISMOS DE COMPENSACIÓN NEGATIVA. (Se implanta un comportamiento no adecuado.)

— DEBEMOS ENCONTRAR: mecanismos de compensación positiva... EJEMPLO: «Dejar de fumar por hacer deporte»... «Dejar de fumar y comer menos»... ÉSTOS SON MECANISMOS DE COMPENSACIÓN POSITIVA. (Se implanta un comportamiento adecuado).

Cuadro de la obra *Dejar de fumar* JGR.

DEBE PENSAR QUE...

LA EDUCACIÓN DIETÉTICA REQUIERE UNA CONDUCTA ALIMENTICIA EN EQUILIBRIO:

— SELECCIONE LOS PRODUCTOS MÁS OPORTUNOS FRENTE A OTROS MENOS PROPICIOS.

— PREGÚNTESE: ¿CÓMO REPERCUTE LO QUE INGIERO EN MI ORGANISMO?

— CONTROLE LA CANTIDAD Y LA CALIDAD DE LO QUE COME.

Cuadro de la obra *Dejar de fumar* JGR.

¡EVITE!

**LAS DIETAS SIN FIN,
ADQUIERA UN ESTILO
DE VIDA SANO...**

USO DE LA RELAJACIÓN

La relajación ayuda en los momentos más difíciles:
— Contra la irritabilidad.
— Contra la ansiedad.
— Contra la fatiga, el insomnio, el malestar.

La relajación muscular y la respiración son parte muy importante de la relajación.

Visualizar con la mente (imaginar) es parte muy importante del proceso de relajación.

Cuadro de la obra *Dejar de fumar* JGR.

DIRECCIÓN DE LA RELAJACIÓN

1. Relajar la frente (desde el cuero cabelludo: tensar-relajar-arrugar desarrugar).
2. Relajar los ojos con posicionamiento de cejas y párpados (cerrar-abrir párpados -sorpresa).
3. Relajar la boca-mandíbula (abrir y cerrar la boca. Besar y sonrisa).
4. Relajar el cuello (movimientos delante-detrás. Movimientos laterales).
5. Relajar los hombros (subir y bajar).
6. Relajar los brazos, manos (subir y bajar brazos. Tensar puños).
7. Relajar la espalda (posicionamiento hacia adelante).
8. Relajar el pecho (tórax) —inflar-desinflar. Dentro-fuera.
9. Relajar caderas y nalgas (apretar-aflojar).
10. Relajar piernas y pies (extender-distender).
11. Relajación muscular, global, de todo el cuerpo.

CAPÍTULO V

¿SENTIRSE BIEN CON HUMOR?

¿Podríamos expresar el estado de *Sentirse Bien* con algo mejor que con una sonrisa?

Sonreír es una expresión sutilmente psicológica. Pero y ¿reír?

Reír, de una manera sana, es una actividad saludable no sólo para la mente sino también para el cuerpo. El sentido del humor es una cualidad que hay que cultivar frente a la vida.

Tener humor y tomarse las cosas con calmas son cualidades de sabios. Si nunca hemos cultivado esta manera de ser es hora de que comencemos. Mostrar humor ante los acontecimientos de nuestra vida no significa que nos tomemos las cosas sin seriedad, y quizá a la buena de Dios.

Debemos ser lo suficientemente maduros como para mantener un cierto distanciamiento, sutil, que nos permita manejar mejor las cosas de la vida, e incluso a nosotros mismos.

Grandes humoristas dicen tener un carácter más bien pesimista y aciago sobre las cosas y, sin embargo, hacen humor.

La sonrisa y la risa son dos conductas humanas culturalmente aprendidas. No veremos reír, o sonreír, a los animales, pero sí al ser humano.

La sonrisa es una conducta de socialización, pues se transforma en una señal amable hacia la otra persona y parte de una actitud positiva desde el interior de nosotros mismos.

La risa, cuando se comparte con otra u otras personas, se transforma en una actividad colectiva terapéutica. Reírse de alguien, por el contrario, es la más descarada de las conductas, y prácticamente se toma como una agresión social.

—Me reí en su propia cara —sería el colmo de la venganza.

«Ría, por favor. A carcajada limpia. Moverá cuatrocientos músculos, ensanchará pulmones, oxigenará tejidos y fortalecerá su sistema inmunológico. Y todo gratis y pasándolo en grande. Médicos, psicólogos y humanistas apuestan por el humor como el mejor de los sentidos», escribe Luz Sánchez Mellado en un artículo titulado «El poder de la risa».

Es de todos conocido que existen multitud de estudios sobre esta cuestión en los cuales se aconseja, como sistema para encontrarse bien, practicar la terapia de la risa.

—Creo que una de las cosas más importantes de la vida es tener sentido del humor.

El sentido del humor es algo que podemos aprender practicándolo. Deberíamos comenzar dirigiéndolo hacia nosotros mismos. Tendríamos que pararnos a reflexionar y ver con cuánta seriedad nos tomamos lo que nos sucede.

Todo lo que trata del interior de la persona a veces lo contemplamos con carácter más bien trágico. De aquí debiéramos partir para desarrollar el sentido del humor, nuestro sentido del humor más sofisticado.

Esa preocupación incesante que tenemos por determinados temas deberíamos intentar contemplarla desde la perspectiva del humor.

A veces, son nuestras conductas exageradas las que deben ser contempladas con sentido del humor. Sólo cuando nos veamos a nosotros mismos desde ese ángulo podremos contemplar al mundo también con un sentido más humano y profundo.

Deberíamos entender que todas las cosas de nuestra vida tienen una parte positiva y amable. Hay que intentar encontrar esa perspectiva aunque nos cueste, o creamos que no existe.

Las cosas se aprenden practicándolas, así que debemos intentar quitar hierro a la vida; es decir, evitar dramatizar, exagerar. Hay que afrontar los contratiempos de una manera sosegada y eficiente.

Aquí es donde el sentido del humor no tiene precio. Nos tenemos que reír de nuestras propias cosas para practicar un sentido del humor sano. Todo tendrá una nueva perspectiva que nos ayudará a sentirnos bien.

Nada con exageración es bueno, así que deberíamos intentar desarrollar un sentido del humor correcto y equilibrado.

Me contaba una adolescente de trece años, con un carácter más bien difícil y problemático, que, junto a una amiga, uno de sus entretenimientos preferidos era reírse de los chicos delante de su cara, cuando eran feos o tenían algún defecto; ni qué decir tiene cómo terminaron las cosas para esta jovencita y cuántos problemas de adaptación presentaba.

La ironía del satisfecho, es decir, por ejemplo, si soy rico me río del pobre porque no lo es, constituye un sentido del humor negro que es un delito moral. Debemos huir de este tipo irrespetuoso de humor, bien se dirija hacia nosotros mismos o hacia los demás.

La ironía del satisfecho es la expresión negativa del sentido del humor.

—Saber reír y hacerlo a menudo es beneficioso como terapia para evitar las tensiones y depresiones, y proporciona bienestar psicológico —leí en unos consejos que se daban en una revista.

Y es cierto: el sentido del humor es la expresión de estados interiores positivos. Sería como el *iceberg* del optimismo donde la alegría es agua natural de nuestra vida.

Hemos nacido para estar alegres y felices y no regodearnos en las penas y las tristezas. Al menos, si podemos evitarlas, o tamizarlas, o darles un asiento diferente en nuestros corazones, debemos intentarlo por todos los medios posibles.

El sentido del humor es el aliado natural de la alegría y el optimismo, y nos previene contra los males de la depresión, la desgana y el pesimismo.

Por otro lado, el sentido del humor nos acerca a los demás. No tenerlo nos encierra más en nosotros mismos. El humor expresado en la sonrisa da una cierta luminosidad a nuestra comunicación no verbal y establece un parámetro muy importante para la socialización positiva.

Sonría a los demás, con mesura y sinceramente, expresándoles su aprecio, y observará reacciones positivas hacia usted mismo. Procure hacer amistades que le brinden su alegría natural a través del sentido del humor.

El sentido del humor no tiene precio. Observe a las personas que socialmente tienen éxito y verá cómo una de las cualidades que muestran es la de emitir ese tipo de energía positiva que hace que los demás quieran estar junto a ella.

La sonrisa, el sentido del humor, son factores de socialización realmente muy interesantes. No se tome, pues, el sentido del humor como un hecho menor en su vida, sino todo lo contrario.

—La risa moderada hace trabajar a los músculos de la cara, la cabeza y el cuello. Si es más prolongada, se mueven los intercostales, abdominales, diafragma, etc., hasta llegar a mover todos los del cuerpo. Cuando se deja de reír, el sistema muscular se relaja y aparece una sensación de bienestar. La risa es tan beneficiosa como hacer deporte. Al estimular la secreción de endorfinas, alivia el dolor y crea sensaciones de sosiego —leí en un artículo donde se dan consejos sobre el tema de la conducta de la risa.

El humor es una sutil rebelión del hombre contra la fijación determinista de lo cotidiano. Hace falta tener buen sentido del humor para apreciar como graciosos los propios defectos y virtudes.

La sonrisa es amable y nos embellece socialmente frente a los demás, de tal manera que nos permite tener éxito frente al otro. La risa, dicen, incluso nos llena de salud y podemos compartirla con los demás. José Elías (psicólogo) comenta en el artículo citado de Luz Sánchez que:

«La risa nos hace fuertes. Al reír nos situamos por encima de los problemas, los sometemos y estamos en

condiciones de encararlos. Además la risa es un excelente antídoto contra el dolor y las obsesiones, es imposible pensar y reír a la vez. Está demostrado que la risa es un anestésico frente al dolor, de umbral bajo, cierto pero eficaz. A nadie se le ocurriría operar a un paciente con un humorista, en vez de un anestesista, en la cabecera, pero los médicos antiguos llegaron a utilizar el llamado gas de la risa como sustituto de los anestésicos.»

Ponerse por encima de uno mismo es muy difícil de conseguir; sólo el buen sentido del humor nos permite autoafrontarnos desde ese punto de vista.

Cuando logramos manejar los asuntos personales mediante el humor, es justo el momento en que nos hemos superado a nosotros mismos.

En cierta ocasión me contó una mujer que el día anterior, mientras portaba la bolsa de la compra, se cayó en medio de la calle, y como pudo dio un respingo y se puso inmediatamente de pie mirando a su alrededor. Temió haber hecho el ridículo de una manera espantosa.

«Uno se cree muy importante —escribe Luz Sánchez—. *Va caminando por la calle con toda su prosopopeya y su dignidad a cuestas. Y de repente resbala y cae estrepitosamente. Toda la rigidez, la pompa y la vanidad del caminante queda reducida a escombros. A las carcajadas de los que lo ven y, seguramente, las suyas propias. Porque no hay nada más cómico que perder los papeles, quedarse en paños menores, transgredir la norma.»*

La buena mujer me contaba su histórica caída, ahora con buen sentido del humor. Me enseñó cómo su mano se había dañado en el trance, la tenía vendada. Mientras lo narraba su risa afloró, acompasada por la mía, al tiempo que me daba detalles de su ridícula caída.

Es curioso cómo los seres humanos podemos no usar el sentido del humor justo cuando vivimos el trance de las cosas, pero sí lo hacemos cuando logramos distanciarnos de los acontecimientos, de tal modo que en esa nueva revisión de las cosas podemos verlas con un humor capaz de ser compartido con los demás.

Esto quiere decir que el sentido del humor es terapéutico, puede ayudarnos a superar situaciones de tensión, ridículas o dramáticas.

Todos hemos oído hablar de la risa histérica como reacción a una vivencia de fuerte tensión psicológica. Cuando estamos sometidos a situaciones de fuerte estrés, a tensiones de cualquier tipo, la risa puede saltar como un mecanismo de regulación, o de quiebra, ante ese estado de tensión. El resultado final es la obtención de una cierta relajación interior.

«Los defensores de la risa como arma preventiva o incluso terapéutica contra la enfermedad sostienen que la carcajada provoca una actividad general del organismo —escribe Luz Sánchez en su artículo—, *lo oxigena, libera todo tipo de hormonas y sustancias beneficiosas y deja al cuerpo en perfecto estado de revista. Fuerte para afrontar lo que le venga encima. Todo esto se traduce en un fortalecimiento del sistema inmunológico.»*

La risa, el humor, la ironía, la sonrisa son conductas positivas de regulación, no sólo psicológica para el individuo, sino que también beneficia la salud corporal.

Por algo los seres humanos somos psicosomáticos (la psique afecta al cuerpo) y somatopsíquicos (el cuerpo afecta a la psique). La risa es un ejercicio que nos beneficia en el orden mental y corporal.

El único problema del sentido del humor es que podemos no alcanzarlo cuando nos encorsetamos en estereotipos mentales acerca de lo importantes que somos. Cuando nos percibimos como intocables en las facetas más variadas de la vida. Sería realmente un atentado contra nuestra dignidad percibir con sentido del humor lo que hacemos y somos.

El humor que otros dirijan hacia nosotros puede darnos vértigo. Somos autoimportantes, y mientras el humor recaiga sobre los demás no pasa nada. Lo malo está cuando se vierte sobre nuestra persona.

Esto es así porque hemos aprendido a estar en la sociedad de una manera determinada, hemos aprendido en una cultura que nos aprisiona, que nos determina. Habría que liberarse mentalmente de muchos condicionantes para realmente llegar a vivir la quinta esencia del humor.

El sentido del humor es una rebelión contra la autoimportancia que es algo que desde niño hemos ido elaborando en relación a nosotros mismos. El humor nos conduciría hacia la reducción de esas almenas artificiosas.

Para gozar del sentido del humor hacia nosotros mismos deberíamos liberarnos de tanta complejidad como porta nuestra mente, y lograr llegar a la simplicidad. El sentido del humor es capaz de aliarse con lo sencillo y reduce y simplifica la realidad compleja a planos elementales.

Nos permite tener una visión más clara sobre nosotros mismos, y despejaría muchas dudas sobre nuestra persona.

Los seres humanos estamos mentalmente trabados en la complejidad de una ingente cantidad de pensamientos; la autoimportancia se basa en la vanidad, en cosas que pareciendo esenciales no lo son.

El humor barre de plano esa complejidad y mira todo desde un ángulo más simple, más sencillo, más natural, más sincero. Por eso, el sentido del humor, dirigido hacia nosotros mismos, nos hace temer, nos pone nerviosos y puede no gustarnos ya que, de alguna forma, deja en entredicho si lo que nosotros apreciamos como valores importantes de nuestra persona pueden no serlo.

El sentido del humor no tiene por qué carecer de profundidad, de trascendencia. Todo lo contrario, es una conquista de la madurez de la persona autorrealizada. No se puede llegar a ese grado fácilmente, se necesita de la experiencia y algo de sabiduría.

El sentido del humor nos pone por encima de las circunstancias. Nos eleva sobre la cotidianidad y nos hace críticos y rebeldes contra lo establecido. Nos ofrece un punto de vista nuevo sobre las cosas.

No se trata de que nos hagamos humoristas profesionales, sino de vivir la vida con humor.

Esta actitud implica que debemos tener un ordenamiento interior relativo sobre la importancia de las cosas. Debemos tener una predisposición hacia los pensamientos positivos, hacia las energías positivas. El humor nos eleva sobre la autotragedia, la depresión, el estrés.

Con el humor entendemos la vida desde el orden de lo relativo, podemos enfrentarnos mejor al fantasma de los miedos.

Uno de los peores miedos que podemos vivir es el temor al ridículo. Temer al ridículo significa que sobre nuestro mundo interior tenemos serias dudas cuando nos exponemos ante los demás. Significa que nos enredamos en una serie de modelos ya preestablecidos, de papeles escritos para nosotros de los cuales no podemos salir. Tememos, como el actor, quedarnos en blanco, salirnos del papel, lo cual lleva al desastre.

El sentido del humor nos permite experimentar sobre la vida, como lo hace un niño pequeño cuando intenta una y otra vez las cosas, sin importar quién esté o quién mire. Los niños pequeños no tienen sentido del ridículo de los adultos, ni temor singular a hacerlo; esas cosas las vamos aprendiendo con el acontecer de la vida.

Los niños, además, presentan el mejor humor natural que pueda concebirse, pues son precisamente capaces de ensayar y experimentar sobre la vida de manera espontánea.

«Lo paradójico es que —escribe Luz Sánchez—, en vez de ir aumentando y perfeccionándose con el tiempo, como otras facultades, la capacidad de reír, lo que pudiéramos llamar el umbral de la risa, va diluyéndose en relación inversamente proporcional a la edad. En general, cuanto mayor es la persona menos se ríe. Según un estudio del psiquiatra y neurólogo William Fry, de la Universidad de Stanford, que ha dedicado su carrera a investigar la risa, hasta los seis años un niño ríe unas trescientas veces al día. Sin pararse a pensar si conviene o no, de todo y por todo.»

El buen humor nos libera de la tiranía de temer hacer el ridículo. Muchas veces, nos hemos puesto delante de los demás y lo que precisamente podía provocar el ridículo era el propio temor a hacerlo. Nos paralizamos, nos sentimos mal.

Todo lo contrario sucede cuando nos liberamos de esos temores. Nos sorprendemos a nosotros mismos de cómo podemos llegar a ser muy eficaces cuando los temores no existen.

Como reza el título del libro de Susan Jeffers, *Aunque tenga miedo hágalo igual* que expresa, en una de sus páginas, la bipolaridad de la sintonía que puede realizar sobre sí mismo:

«Cuando estoy sintonizado con mi yo superior: confío. Me aprecio. Amo. Me preocupo. Estoy en paz. Soy creativo. Cuento. Atraigo. Doy y recibo. Estoy involucrado. Estoy pleno. Estoy satisfecho. Tengo una visión amplia. Vivo el presente. Soy servicial. Estoy alegre. Acepto las cosas como son. Perdono. Estoy relajado. Estoy vivo. Me gusta envejecer. Soy poderoso. Estoy protegido. Estoy en el camino. Dejo hacer. Tengo tanto. Estoy conectado. Estoy excitado.

Cuando estoy sintonizado con mi charlatana: Trato de controlar. No me valoro. Necesito. Soy insensible. Estoy estresado. Estoy bloqueado. No sé qué cuento. Rechazo todo. Estoy aburrido. Estoy vacío. Dudo. Estoy insatisfecho. Tengo una visión estrecha. Espero y espero. Soy impotente. Nunca disfruto. Siempre estoy desencantado. Siento resentimiento. Estoy tenso. Soy como un robot. Pasan de largo junto a mí. Soy débil. Soy vulnerable. Estoy desviado. Trato de controlar. Soy pobre. Estoy solo. Tengo miedo.»

El sentido del humor nos hace sintonizar con las esferas del yo superior y elimina el temor al ridículo. Por encima de él, lo que existe es un buen estado de salud psicológica, un alejamiento del propio punto de vista. Un distanciamiento del sentimiento potente que podemos vivir por las cosas. Un manejar con soltura el ámbito de lo emocional.

Caemos en el campo de la autoimportancia cuando nos dejamos embargar por los sentimientos. No es malo ser sentimental, pero es mucho mejor encararlo con sentido del humor.

El mundo de lo cómico trata de llevar la realidad a un ángulo diferente donde manejarla con una sonrisa. Cuando aquella mujer que se cayó en la calle, al día siguiente, me contó el suceso mientras se reía por los cómico del caso, en ese instante alejaba de sí el sentido del ridículo y admitía su propia situación como graciosa, de tal modo que toda la tensión psicológica se dispersaba. Aquel suceso dejaba de ser algo dramático para pasar a ser simplemente cómico, un evento sin energía psíquica negativa.

Ésa es la liberación que es posible conseguir cuando afrontamos las cosas con sentido de humor. Éste es una buena terapia para afrontar la vida. Una buena pregunta sería: ¿cómo lograrlo?

Nos cuenta Sigmund Freud, en su obra *El chiste y su relación con el inconsciente*:

«Las cualidades y caracteres que al chiste atribuyen los autores antes citados —la actividad, la relación con el contenido de nuestro pensamiento, el carácter de juicio juguetón, el apareamiento de lo heterogéneo, el contraste de representaciones, el "sentido en lo desatinado", la sucesión de asombro y esclarecimiento, el

descubrimiento de lo escondido y la peculiar brevedad del chiste— nos parecen a primera vista tan verdaderos y tan fácilmente demostrables por medio del examen de ejemplos, que no corremos peligro de negar la estimación debida a tales concepciones.»

No es que, para ganar el sentido del humor, tengamos que hacer un chiste de las cosas de nuestra vida, pero sí es un ejemplo de cómo el chiste hace humor de las cosas mediante procedimientos que son plenamente de índole psicológica, produciendo determinados efectos.

El chiste es una producción mental que tiene que ver con la psique. Para Freud existía una relación clara entre el chiste y el inconsciente. Nosotros podemos pensar que nuestro sentido del humos tiene una clara relación con nuestra personalidad.

Si el chiste produce un efecto de relajación psicológica, una descarga de tipo mental, el sentido del humor también lo hace a su manera.

El sentido del humor se diferencia del carácter del chiste lo mismo que la sonrisa puede diferenciarse de la risa. Nadie está riéndose a boca partida continuamente, mientras que sí puede generar con una gran frecuencia la sonrisa como conducta más o menos habitual.

Lo mismo sucede con el sentido del humor: su naturaleza, en contraste con el chiste, es la sutilidad y la oportunidad de producirlo. No podemos hacer chistes de todas las cosas en cualquier espacio y tiempo, pero el sentido del humor como actitud puede ser desarrollado con más frecuencia en los avatares de la vida.

El sentido del humor es una oportunidad para sentirnos mejor, aunque uno podría preguntarse: ¿por qué?

Decir que el sentido del humor es único es como creer que los chistes son todos iguales. El sentido del humor es tan variado que cambia de persona a persona, e incluso se le achaca una diferenciación cultural.

Decimos que existe un sentido del humor inglés, español. También podemos expresar la misma idea entre el sentido del humor catalán y andaluz, por poner algunos ejemplos. No es lo mismo para Pepito que para Juanito. Sin embargo, en el humor se descubren rasgos que son universales; quizá si seguimos observando lo que ocurre con el chiste podamos descubrirlos en alguna medida.

El chiste tiene una aceptación universal y es bien recibido socialmente, de tal modo que se ha usado en el pasado y en el presente, y produce efectos terapéuticos sobre las tensiones interiores, tanto de orden individual como colectiva.

Recuerdo que, al final de la dictadura de Franco, cuando murió, en toda España se produjo una enorme cantidad de chistes que aludían al dictador. La producción del chiste facilitaba la distensión interior de la sociedad española, funcionando como un vehículo terapéutico de descarga emocional colectivizada.

Por aquella época, en la que era estudiante de psicología, estaba yo empeñado en hacer un trabajo de sociología sobre el ambiente laboral en una empresa dedicada al análisis de tierra, y me pilló la muerte de Franco en aquel quehacer; así que pude apreciar el influjo que produjo este evento en las gentes de aquel entorno laboral, lo que transcribí en un trabajo donde el chiste fue algo muy utilizado.

«El tema de Franco hoy es de máxima importancia en las interacciones —escribí—, *girando en torno a esta*

forma de tratamiento: el chiste sobre Franco; la posibilidad de tener un día de descanso por su muerte; conversaciones sobre lo que sucederá en la política nacional. Se llama con frecuencia por teléfono pidiendo información sobre la evolución de su enfermedad.»

Los chistes corrían como pólvora por toda España, significaban una gran terapia colectiva. El humor se descargaba por la boca —chistes— y en forma de pintadas —*graffitis*— en todo el proceso de la transición:

«Que paren el mundo... Me quiero apear», se leía en una pintada callejera.

En los W. C. se expresaban las ideas como en cualquier otra parte. La oposición al proceso de transición clamaba, y se podía ver una taza de retrete dibujada donde se leía:

«Después de votar tira de la cadena.»

Se hacía humor por todas partes.

«No se os puede dejar solos: F. Franco», se leía en una pancarta; en otra aparecía escrito:

«Una urna puede ser el mejor de los preservativos», mientras otra clamaba:

«La democracia con Fraga es como joder con bragas.»

«El Estado vela por vosotros: poneos a soñar.»

Aquellos otros que estaban a favor del mundo proletario hacían pintadas clamando:

«Si la mierda tuviera valor, los pobres nacerían sin culo.»

Existió una enorme proyección del humor por todos los lados después de la muerte de Franco, como manifestación de muchos temores ocultos, tanto en personas que confiaban en un futuro mejor como en las que temían que volviéramos a las andadas del pasado.

Las malas energías se volatilizaban a través del humor y la acción sosegada de una sociedad deseosa de llegar a un cierto equilibrio interior.

El humor, puesto a juego en la colectividad —en la sociedad—, está claro que la descarga de sus propias tensiones y conflictos y suele ser bien recibido. Es como si en el inconsciente colectivo existiesen fantasmas que hay que volatilizar a través del humor.

El humor es capaz de quitar yerro a lo terrible, a lo que nos produce miedo, y en ese distanciamiento podemos manejar mejor lo que tememos.

Quizá sea éste el éxito del humor en nuestra sociedad que, muchas veces, se proyecta sobre diversidad de temas y en soportes muy variados de comunicación social. A lo mejor, no podríamos vivir como colectividad si no tuviéramos la válvula de escape del humor.

Esto es verdad para la sociedad: necesitamos el sentido del humor, y lo es también para el bienestar de individuos concretos. Cada uno de nosotros tenemos un mundo de tensiones interiores que pueden ser descargadas a través del sentido del humor.

¡Ése es el valor del humor!, nos sirve para descargarnos y sentirnos mejor. Pero profundicemos un poco más en el sentido del humor personal, para ver la relación que tiene con nuestro mundo interior.

En contraposición al sentido del humor está el mal humor. Sabemos la cantidad de rechazos sociales que producen esas personas afincadas en posturas malhumoradas. Todos hemos vivido casos donde el otro desarrolla un sentido del mal humor que nos afecta de manera negativa, o nosotros mismos hemos estado malhumorados.

El mal humor puede tener multitud de causas que nos pueden ser desconocidas. Este estado tiene que ver con sentimientos y emociones negativas como la apatía, la depresión, o en causas físicas como el cansancio, la fatiga...

El mal humor puede ser expresado en forma de conductas de recogimiento; es decir, interiorizadas; también puede ser dirigido hacia los demás de forma transitoria o permanente.

Cuando el mal humor se perpetúa como una manera de ser, o de actuar en la vida, el problema es serio. Otra cosa es si nos sucede casualmente, alguna vez, por motivos especiales.

El mal humor es la expresión psicológica más clara de vivir interiormente un estado de malestar. Sentirse mal puede desembocar en una conducta malhumorada.

El mal humor provoca cantidad de reacciones adversas contra uno mismo y las personas que nos rodean. Esta situación está en las antípodas de *Sentirse Bien*.

El mal humor nos hace reaccionar de manera poco adaptada al entorno, pues nos mueve hacia el conflicto en las relaciones con los demás; contra uno mismo aparecen mecanismos de reacción inadecuados como es responder a cualquier contratiempo, o a pequeños problemas, con una potencia inadecuada. Nos irritamos con facilidad, no soportamos la más mínima.

El mal humor es un estado de ánimo que hay que controlar que si se da en nosotros con cierta frecuencia transformando sus energías negativas en positivas. Aquí es donde recomendamos distanciar lo más posible las cosas para tratar de tomarlas con el ánimo contrario: el del buen humor.

Cuando estamos malhumorados casi todos los días, hay que empezar a preguntarse cuáles son las causa de ello que pueden ser tan variadas como circunstancias puedan concurrir en una persona: por motivos de trabajo; por causas del amor o del desamor; por las propias inseguridades (autoestima, timidez...); por la falta de conformismo en lo que tenemos o hemos logrado.

Cada cual debería poder reconocer las cosas que está viviendo de manera estresada, o en forma de carga negativa para tratar de cambiar, de transformar esos aspectos negativos en positivos; quizá comunicándose con los demás, tratando de resolver el problema que tenemos, etc.

De lo que se trata es de adquirir una actitud positiva que nos encauce hacia el buen humor, que es sinónimo de *«Estar y Sentirse Bien»*.

Cuando el enredo de nuestro humor es de carácter social, porque interpretamos que los otros nos hicieron de menos, nos consideran de esta u otra manera, lo mejor es adoptar la postura de la comunicación, y si las circunstancias que afrontamos escapan a nuestro control, entonces lo mejor es despreocuparse por ello.

Desde luego, la mejor postura siempre es tratar de hablar y dialogar para que no nos quedemos con fantasmas interiores, que en el fondo son los peores y que producen el efecto del mal humor. Amargarnos y callar por las cosas que nos preocupan puede ser el peor remedio para *Sentirse Bien*.

Cuando nos vemos atacados por el mal humor hay que tratar de conseguir que la mente se ocupe en pensamientos constructivos, positivos, de energía buena y pacífica. Traer a la mente la ilusión por nuevos proyectos, nuevos planes y perspectivas, y el mal humor irá lentamente levantándose como lo hace la niebla en la mañana. Es justo en el momento de esa transformación cuando podemos volvernos más eficaces.

Hay que saborear lo que la vida nos ofrece en cada momento y no agobiarnos ni angustiarnos por las cosas que queremos conseguir y no podemos. Hay que tratar de mejorar, pero sin perder el norte por no aceptar nuestra propia condición, las limitaciones personales. Por la propia insatisfacción personal se generan los estados de malestar (sentirse mal) que son las causas más frecuentes del mal humor.

Podemos mejorar y plantearnos objetivos y metas, pero deben ser alcanzables, lógicos, razonables.

Si creemos que todo lo podemos, y no observamos de un modo diferencial que hay cosas que sí y otras que no, corremos el peligro de desencadenar una lucha que nos lleve realmente a la frustración, y, por tanto, al conflicto; es decir, podemos llegar a vivir una vida de mal humor como consecuencia de nuestros esfuerzos infructuosos con los que nunca alcanzamos nuestros objetivos.

Hay que vivir la vida según nuestras posibilidades del momento, sin que tengamos que renunciar a un futuro mejor. Las personas que viven por encima de sus posibilidades pueden llegar a tal conflictividad que la base de la felicidad y el bienestar queda rota.

Esto se puede observar en muchos ambientes familiares donde vivir por encima de las propias posibilidades económicas siembra el desastre: esta situación es capaz de horadar los cimientos más estables basados en el amor. El orgullo de aparentar más: casas, coches, gastos...

Ésa es la base de una sociedad de consumo enormemente enferma. Estamos equivocados con el mito de que «*querer es poder*», sin que a esa frase le antepongamos la razón, el sentido de la lógica. Así es fácil llegar al conflicto y por tanto al estado del mal humor.

El mal humor tiene muchas causas. Con todo esto no queremos decir que las personas que ambicionen y tengan altos ideales no lo intenten. Pero cuando uno se establece un alto objetivo hay que medir las propias fuerzas y posibilidades. Ir a por ello con altas dosis de buen humor, mucho trabajo y fuerza de voluntad, teniendo muy en cuenta las propias limitaciones y previniendo la posibilidad del fracaso.

Existe un mal humor que se establece de un modo puntual. Por ejemplo, cuando nos levantamos por la mañana es fácil que muchas personas tenga mal humor, o al menos carecer de buen humor.

Cualquiera puede darse una vuelta en el Metro madrileño a eso de las ocho o las nueve de la mañana y observar las caras, las posturas, las miradas, y sacar conclusiones. Cuando nos relacionemos con los demás debemos tener en cuenta el estado de ánimo de la persona que tenemos delante. Hay que respetar cada momento, y saber qué es lo que cambia nuestro humor y nuestras reacciones con los demás. Un lunes por la mañana, recién llegado a tu puesto de trabajo, es fácil que tengas un humor que debes ir levantando poco a poco.

No a todo el mundo le sucede, pero es muy frecuente que alteremos el humor. Lo importante es dominarlo tratando de pasarlo a un estado positivo, y si persistimos en el mal humor tratar de evitar que los demás sean víctimas propiciatorias de nuestros estados negativos.

¿SENTIRSE BIEN CON HUMOR?

Tres actividades placenteras para *Sentirse Bien:*

1. REÍR

— Es una actividad terapéutica que afecta al organismo de un modo positivo y descarga de tensión a la mente.

— Es muy productivo cuando se ejercita en grupo.

— La peor venganza consiste en reírse de los defectos ajenos (conducta antisocial y reprobable).

— Con la risa: se mueven los músculos; se oxigenan y activan los pulmones y se beneficia el sistema inmunológico.

— Reír a menudo es terapéutico: evita la depresión, descarga tensión, hace *Sentirse Bien.*

— Nos pone por encima de las cosas.

— Nos permite hacer un alto en nuestros pensamientos, a veces obsesivos.

— La risa tiene la capacidad de relajar.

2. SONREÍR

— Actividad sutil que se mueve en el campo de la comunicación no verbal. Es una señal de socialización positiva del interior de uno hacia los demás.

— Hay que sonreír con mesura y sinceridad, expresando aprecio. Cuando esto es así, los demás, advertidos del sentido positivo del mensaje, responden también de manera positiva.

— Tener sentido del humor y una sonrisa natural son los mejores aliados para hacer amistades.

— La sonrisa tiene la cualidad de embellecer a la persona

3. SENTIDO DEL HUMOR

— Actitud psicológica por la que el ser humano relativiza las cosas. Cualidad que hay que practicar frente a la vida.

— Tener sentido del humor no significa ser inconsecuente. Nos permite distanciarnos de las circunstancias.

— Hay que comenzar a practicar el humor con uno mismo. Hacer humor de nuestro sentido trágico, de nuestras conductas más obsesivas. Sólo cuando nos veamos bajo esa perspectiva estaremos preparados para ver la vida desde el ángulo del humor. Ver las cosas desde un ángulo positivo y amable.

— El sentido del humor no tiene que ser irrespetuoso ni con nada ni con nadie. El humor más negro es el que emplea la ironía del satisfecho (por ejemplo: *«me río de ti porque eres más bajo que yo»*), y ésta suele ser la parte más tétrica del humor por lo que jamás debe hacerse.

— El humor positivo es la expresión de una actitud interior positiva. Es la expresión de la alegría, el optimismo y la felicidad; con ella manejamos mejor las penas y las tristezas.

— El sentido del humor es una cualidad de la personalidad extravertida, nos abre frente a los demás, se opone a la timidez.

— El sentido del humor es una cualidad que pronostica éxito social, pues se transfiere con ello energía positiva que atrae a los demás.

— Con el humor nos rebelamos contra lo cotidiano y lo vulgar, nos ponemos por encima
de nuestras puntuales circunstancias y obsesiones.

Hacer humor de uno mismo es el punto máximo
de la madurez y de la capacidad de superación
personal.

— El humor suele ser mucho más fácil de hacer
cuando alejamos la circunstancia de los acontecimientos. Existe mucho deleite humano
cuando contamos historias cómicas; si se trata
sobre sucesos en los que hemos estados implicados, el sentido del humor nos hace manejar
todo con más sencillez, y si hay elementos
dramáticos éstos diluyen su energía negativa:
tener sentido del humor es terapéutico.

— Cuando nos consideramos excesivamente
importantes frente a todo, corremos el peligro
de no poder alcanzar el sentido del humor, y
tampoco soportaremos el que nos venga de
los demás (el sentido del humor se rebela contra la autoimportancia y el egoísmo).

— El humor se alía con lo simple y lo sencillo,
nos permite vernos desde planos más objetivos. Lo podemos temer porque puede poner

en evidencia que lo que nosotros observamos como valor realmente no lo sea.

— El sentido del humor, en el fondo, es una cualidad profunda de la persona. Tener humor no significa que vayamos por la vida de humoristas.

— El humor elimina el miedo y hace desaparecer el temor al ridículo. Nos devuelve, en cierta medida, la espontaneidad del niño, nos permite experimentar sobre la vida.

— Nuestro sentido del humor tiene una clara relación con nuestro tipo de personalidad. Podemos utilizarlo para lograr *Sentirnos Bien*. Es algo muy personal y variable dependiendo del tipo de persona que seamos.

— El sentido del humor es una válvula de escape para el psiquismo. Cuando en nuestra personalidad lo que predomina es el mal humor, notamos sus efectos nocivos sobre nosotros mismos y en relación con los demás.

— El mal humor es la expresión más evidente de la existencia de problemas personales, pasajeros o perennes. El mal humor se ataja con el sentido del buen humor, ya que es su antídoto natural.

CAPÍTULO VI

CONTROL MENTAL
PARA SENTIRSE BIEN

Todo está en la mente y en sus procesos. La realidad existe como un hecho de atención «*aquí y ahora*». La mente es capaz de revivir el pasado y prever el futuro.

En este sentido, la actividad mental de los seres humanos es una fuente perpetua de bienestar, o de malestar, que condiciona la realidad del momento. De tal modo esto es posible, que nuestras vidas están llenas de una ingente cantidad de actividad mental continua.

Esto es algo que nos beneficia, y también nos perjudica, como especie; nos hace vivir nuestra propia identidad como seres humanos. Esa misma ebullición mental continuada es fuente, en muchos momentos, de nuestro propio malestar.

La mente como cúmulo de sentimientos, afectos, emociones y pensamientos está en un continuo trance de actividad psíquica enmascarando, a veces desnaturalizando la atención que debemos vivir en cada momento, y condena, en una dirección determinada, nuestras propias vidas psíquicas en unos patrones de comportamientos, conductas y pensamientos.

Todo ese cúmulo de pensamientos que es nuestra mente en actividad debe ser autoorganizado conscientemente para lograr *Sentirnos Bien*. Miles de años llevan los orientales trabajando en ello. La fuente del equilibrio está en el dominio mental. Pero el equilibrio se obtiene basándose en el trabajo interior, mediante la meditación, por ejemplo. Pero la meditación no es quedarse improductivo frente a uno mismo, sino experimentarse uno a sí mismo bajo la fortísima influencia de la mente, y controlándola. Claro, esto es la base de una sabiduría humana que, como hemos dicho, en Oriente tiene ya miles de años de historia. Por tanto, cuando deseemos autocontrolarnos para *Sentirnos Bien* debemos ser humildes y aprender con la experiencia, poco a poco.

«La manera occidental de querer penetrar en los misterios del yoga, sentado cómodamente en un sillón, con el libro en la mano, tiene para el hindú algo de irreal y a la vez de curioso, pues sabe que el yoga es algo que debe adquirirse con la práctica cotidiana», escribe M. J. Kirschner en su obra *Yoga*.

No es fácil desentrañar los secretos que nos lleven al autocontrol de nuestra actividad mental. Se puede decir que el hombre moderno de nuestra sociedad es alguien que ha perdido la capacidad de controlar su propia atención, y se aliena con una cantidad inconmesurablemente amplia de basura mental, de actividad no útil para vivir una vida feliz. Estamos llenos de angustias interiores, de planes matizados por la ansiedad; estamos pendientes de nuestras necesidades hasta un límite insospechado. Hemos sofisticado demasiado nuestra memoria del pasado y nos llenamos de inquietud por el futuro. Así que el presente se ha tornado un sinvivir.

Quizá debamos regresar hacia los mecanismos más elementales de la naturaleza para disfrutar y encontrarnos bien, ser felices. A lo mejor, de lo que se trata es de volver al paraíso perdido de la simplicidad.

Los animales de la naturaleza poseen intacta su capacidad de atención, al momento presente. Ellos están a lo que tienen que estar: vivir.

Para ellos no existe (en su actividad cerebral) un bullicioso pasado ni un futuro por predecir inquieto o no. Simplemente viven. Es decir, los animales viven sus reacciones al pasado y al presente de un modo diferente a como lo hacemos nosotros. Y de cualquier manera, en vigilia, lo que viven es un clamoroso aquí y ahora. Con esto no queremos negar una actividad psíquica compleja en los animales.

¿Por qué el hombre se empeña en abolir continuamente el presente, que es lo único a lo que estamos realmente abocados todos?

Recuperar la atención sobre la realidad del presente, observando cómo fluye nuestra propia actividad mental en relación con esa presión del pasado y del futuro, es un objetivo muy complicado, pero a la vez se torna una necesidad imperiosamente esencial para controlar los procesos mentales que pueden estar empujándonos hacia el abismo de la inseguridad, el malestar y la infelicidad.

Para hacernos con el control de nuestras propias vidas hay que autoobservarse; hay que obrar con quietud y de modo reflexivo viendo cómo fluyen nuestros pensamientos, cómo nos presionan nuestros sentimientos y emociones.

Hay que hacerlo así para controlarlos, para cambiarlos, para hacerlos fluir hacia estados interiores positivos que redunden en la generación de situaciones de bienestar. Tenemos, pues, que ser vigías de nuestros propios procesos mentales. Ser personas con capacidad de pensar sobre sus propios pensamientos, capaces de prestar atención a su propia atención. Capaces de observar su propia memoria y de valorar el sentido de los propios sentimientos, afectos y emociones.

Cuando alguien es capaz de controlarse a sí mismo a través de abrir caminos en su propio territorio mental, estamos ante una persona plenamente consciente, y este ser podrá controlar sus propios estados de bienestar y de malestar.

Llegar a *Sentirse Bien,* con más posibilidades de control personal, sólo es posible desde el pensamiento reflexivo.

Es una tarde preciosa de sol y suave temperatura, en un pueblo de Salamanca. En la puerta de una de las casas estamos tres personas conversando apaciblemente sobre las cosas de la vida; dos somos visitantes casuales y el otro natural del pueblo.

Mientras la conversación fluía, un gato blanco reposó, relajado y tranquilo, en lo alto de un balcón, en un lugar que podría parecer peligroso. El felino se atusó el morro mientras cerraba con suavidad los ojos; el sol le daba en la cabeza de un modo pausado y agradable. Pensé cuán feliz era allí aquel animal.

En un momento determinado se levantó estirando a la vez sus patas traseras y delanteras, saltando luego a la barandilla de hierro del balcón y desde allí, con mucha facilidad, se deslizó hasta el suelo.

Nosotros seguíamos hablando de cosas del pasado, del presente y del futuro. Me di cuenta cómo los seres humanos bullimos en una alocada actividad mental mientras aquel gato vivía apaciblemente su presente, sin más previsibilidad que la acción del momento.

Ese bendito mecanismo de atender sólo a lo que acontece, parece como si el hombre lo hubiera perdido para siempre. Pensé en lo bueno que podría ser tener momentos para *Sentirse Bien,* tan sencillos como el que disfrutó aquel precioso gato blanco que en ese momento se perdía tras la esquina de una callejuela.

La ansiedad, la angustia, el sentimiento de malestar, se provoca por nuestros procesos mentales fácilmente descontrolados. Así, pues, hay que poner orden en esta cuestión.

Es muy antigua la lucha por el control de la mente, principalmente son los orientales los que instituyeron formas muy sofisticadas para entendernos mejor, desde el ángulo de lo interno.

El budismo es un claro ejemplo de lo que digo. La contemplación de nuestro interior resulta esencial y, cuando observamos que nuestra mente nos lleva hacia la ansiedad y nos sentimos mal, hay que aprender a cambiar nuestros propios procesos mentales, desensibilizándonos hacia todo aquello que signifique la recreación de pensamientos negativos.

Normalmente, si no hacemos un esfuerzo especial, toda esa presión nos resulta dañina y vivimos el resultado de sentirnos mal. Hay que desarrollar un sentido especial que nos permita observar cómo funciona nuestra mente, qué tipo de pensamiento maneja. Se trata de que la mente vigile y regule a la propia mente.

Podemos desarrollar técnicas que nos lleven a:

1. Observar los pensamientos de mi propia mente.

2. Lograr distinguir los pensamientos negativos que son improductivos y perturban mi bienestar.

3. Hay que saber parar esos pensamientos improductivos.

4. Hay que cambiar los pensamientos negativos por otros que sean de tipo positivo.

A este control mental podemos denominarlo entrenamiento cognitivo, con el fin de lograr un mayor estado de bienestar en la línea de *Sentirnos Bien*.

La vida nos está desafiando continuamente con pequeñas o grandes tensiones, así que nosotros reaccionamos con toda nuestra naturaleza de tipo corporal y con nuestra naturaleza psicológica o mental.

El estrés tiene como vía de manifestación esas dos fuentes. Físicamente, la ansiedad, puede suscitar multitud de reacciones, desde la pura sudoración a manifestaciones somáticas de toda índole: dolores de cabeza y de estómago, enfermedades...

También quedamos afectados psicológicamente por nuestras emociones a través de los pensamientos negativos de fracaso; la angustia que se produce nos lleva a su vez hacia comportamientos desajustados.

Los acontecimientos nos hacen reaccionar de tal manera que terminamos por estar y sentirnos mal. Para reajustar todas esas reacciones y tratar de *Sentirnos Bien* hemos de controlar la situación, o situaciones, que nos producen malestar.

Es necesario enfrentar los desafíos de la vida controlando mentalmente todas nuestras reacciones cognitivas, dándonos cuenta de cuáles son nuestras sensaciones en cada momento, el tipo de pensamiento que cruza nuestra bóveda cerebral, y desde este punto tratar de controlar la situación, de modo tal que nuestras reacciones físicas y psicológicas nunca lleguen a estresarnos.

Hay que evaluar todo lo que nos pasa. Por ejemplo, si tenemos un temor irracional, o nos vienen de repente pensamientos negativos incontrolados, hay que tomar conciencia de ello. Luego, hay que enfrentarse a las cosas y no huir eternamente posponiendo lo que tengamos que hacer; es decir, hay que enfrentarse a la situación negativa e introducir cambios en nuestro modo de reaccionar. Tratar de ser flexibles y comprensivos ante los contratiempos que surjan frente a nuestras intenciones. Y desde luego, estar siempre dispuestos a localizar todo lo que suponga negativismo y pensamientos desalentadores. Hay que cambiarlos por otros que sean de carácter positivo.

Con todo ello podemos, poco a poco, controlar situaciones en las que predomine la sensación del malestar por otras en las que la ansiedad sea menor, e incluso lograr transformarlo en situaciones placenteras.

Esto, desde luego, es más fácil decirlo que hacerlo pero, si lo intentamos, el resultado siempre será más satisfactorio que si nos esperamos a que el estado de *Sentirse Bien* aparezca de un modo espontáneo.

Está muy claro que nuestra forma de ser, nuestra personalidad, afecta al modo en que nos enfrentamos a los acontecimientos. Hay rasgos de la personalidad que influyen más que otros al crearnos situaciones que puedan provocarnos malestar: como ser introvertidos y tímidos en una gran medida; tener poca paciencia y ser agresivos en nuestras reacciones; ser excesivamente ambiciosos, sin control ni límite; ser exageradamente competitivos; ser muy exigentes, etc.

Debemos conocernos a nosotros mismos para que desde ese conocimiento podamos mejorar; podamos, en un momento determinado, dejar de sentirnos mal y llegar a crear situaciones en las que nos *Sintamos Bien*.

Son muchos los factores de la vida que pueden lograr hacer que nos sintamos mal. En una obra sobre el estrés de Alix Kirsta dice:

«Hay ciertos aspectos de la vida que crean un problema particular con el estrés. Entre ellos cabe citar los cambios en la manera de vivir, los desafíos relacionados con el rendimiento (especialmente en el trabajo), emociones como la ansiedad y el miedo, el aburrimiento y la aflicción. Hay que tener conciencia de todo ello si se quiere estar preparado para hacer frente a las crisis vinculadas con este tipo de problemas y emociones.»

Está muy claro que para *Sentirse Bien* nos tenemos que superar a nosotros mismos en una gran cantidad de circunstancias. El estrés es una manifestación, o una reacción, de nuestra sociedad al estado de sentirse mal. Hay que conocer esas situaciones y factores. El mismo autor nos describe algunas de esas circunstancias de las que debemos ser conscientes:

«*Los cambios: las actitudes inflexibles, el apego a un sistema de valores estricto, la rutina, el miedo a lo desconocido, pueden provocar estrés cuando te enfrentas a una situación en la que el cambio es inevitable. El rendimiento: a menudo disfrutamos del estrés provocado por el éxito conseguido gracias al rendimiento físico y mental. Esto es muy saludable siempre y cuando tengas seguridad en ti mismo y utilices la energía y la tensión generadas por las exigencias extraordinarias. La angustia y el miedo: las emociones negativas que se sienten antes de ciertos acontecimientos pueden prolongar o ampliar la excitación provocada cuando el acontecimiento ocurre. También preparan para hacer frente a situaciones que nunca ocurren. El estrés psicológico se acumula y afecta negativamente al bienestar físico. El aburrimiento: la falta de estímulo o de interés por el trabajo, el paro y la jubilación, pueden ser causas de depresión. Apatía y estrés. Las personas que albergan dudas, que sienten que nadie les necesita ni las quiere, tienen una imagen deteriorada de sí mismas y se sienten alienadas. Las aflicciones: el fallecimiento de un ser querido, los divorcios y las separaciones, pueden tener una repercusión psicológica profunda y prolongada. Si la pena y la angustia no encuentran solución o quedan reprimidas o no son reconocidas, es posible que causen deterioro físico o mental.*»

Está muy claro que la labor de *Sentirse Bien* puede ser un proceso arduo, pero indiscutiblemente son necesarias la intencionalidad y la acción para hacer algo que nos lleve hacia buen puerto: *Sentirnos Bien*.

Existen muchas señales que nos avisan de que estamos en el camino de potenciar, o asentarnos, en el estado de sentirnos mal.

«Señales de estrés —escribe Kirsta—: r*eflejos nerviosos: morderse la uñas, apretar las mandíbulas, tamborilear con los dedos, hacer crujir los dientes, apretar los puños, tocarse la cara, encoger los hombros, hurgarse la piel de alrededor de las uñas, agitar las piernas, mesarse los cabellos. Enfermedades relacionadas con el estrés: asma, dolores de espalda, trastornos del aparato digestivo, jaquecas, migrañas, dolores musculares, trastornos sexuales, problemas de la piel. Cambios de humor: ansiedad, depresión, frustración, hostilidad o ira continuas, desánimo, desesperanza, impaciencia, irritabilidad, inquietud. Comportamiento: agresión, modificación de la hora de sueño, realización de varias cosas a la vez, arrebatos emocionales, dejar la tareas sin terminar, reacciones excesivas, hablar demasiado deprisa o gritar.»*

Son muchas las asechanzas y las señales por las que podemos tomar conciencia de que estamos en una situación en la que padecemos el mal de una manera existencial de vivir. Esta toma de conciencia nos tiene que valer para producir el cambio hacia otras situaciones que nos permitan *Sentirnos Bien.*

Cuando no nos encontramos bien esta situación afecta a nuestro comportamiento:

- Podemos abandonarnos en las situaciones de la vida.

- Podemos perder el tiempo.

- Nos atosigamos con las cosas y realizamos muchas a la vez.

- La eficacia en las tareas que iniciemos baja inexorablemente.

- Podemos tener conductas fuera de lo normal, extrañas: irritaciones y salidas de tono.

- Podemos encontrarnos afectados en nuestros hábitos de la vida corriente (sueño, apetito, humor...).

- Podemos encontrarnos físicamente tensos, perdemos la espontaneidad. Nos encontramos nerviosos y cansados.

- Con el malestar perdemos capacidad para ser decididos ante distintas opciones.

- Estamos inseguros con nosotros mismos y con los demás. Nuestras opiniones pueden ser variables.

- Nuestras capacidades intelectivas, como la memoria y otras aptitudes, pueden disminuir en su rendimiento.

- Podemos sentirnos inhibidos, ansiosos e inseguros.

Sentirnos mal desde luego afecta al comportamiento. Pero a nosotros nos interesa ir dilucidando cómo podemos llegar a *Sentirnos Bien* la mayor parte del tiempo.

Debemos, para ello, intentar lograr un estado mental sereno y firme que nos facilite el control de nuestros pensamientos y acciones, y eso lo podemos conseguir cuando somos conscientes de cuál es nuestra realidad mental y lo transformamos en una fuente continua de fortaleza interior que nos permite afianzarnos en la calma, y practicar la racionalidad y la objetividad sobre las cosas.

Los pensamientos están omnipresentes en nuestra actividad, de modo consciente e incluso de manera semiinconsciente. Mientras hacemos cualquier tipo de acción los pensamientos están presentes en nuestro cerebro.

Cuando nos levantamos, recién despiertos, comenzamos con la singular energía de nuestros pensamientos, se nos vienen una ingente cantidad de cuestiones relacionadas con nuestras circunstancias, con nuestras preocupaciones cotidianas. Esa enorme energía mental de nuestra vida diurna puede estar perturbando nuestra propia estabilidad si sus contenidos son negativos, portan sentimientos que nos presionan y preocupan, ansiedades, falsas perspectivas, temores: el trabajo, la familia, los amigos, la seguridad, el dinero, la salud, el amor...

Si vivimos de un modo incontrolado las energías que nos aporta nuestra actividad mental, corremos el riesgo de encontrarnos muy mal. Incluso, si esto se realiza como una forma de vivir, está muy claro, podemos caer en la depresión, la desesperación y cualquier tipo de enfermedad de carácter psicológico.

Nuestro mundo está cargado de energías negativas, nos asalta la mente una ingente cantidad de temores y ansiedades que toman forma de nuestros pensamientos.

Esta forma de fluir nuestra vida psicológica nos hace *Sentir Bien* o *Sentirnos Mal*. Para lograr un cierto equilibrio interior debemos ponernos a trabajar en orden a controlar los factores que producen descargas negativas que nos desequilibran.

Una buena manera de controlar esas energías que aparecen con un continuo rumiar de pensamientos negativos es a través de entrenarnos en técnicas cognitivas; es decir, en técnicas de control de pensamiento. Un modelo muy sencillo que podemos poner en práctica es el siguiente:

1. Observar

Tenemos que aprender a observar cómo es nuestra realidad mental; ninguna manera mejor de hacerlo que intentar interceptar nuestros pensamientos y analizar de qué tipo son y qué carácter tienen.

Podemos, al analizarlos, observar su naturaleza; es decir, debemos catalogarlos como pensamientos que tienen una influencia negativa o positiva sobre nuestra vida.

Los pensamientos que tienen una influencia negativa son aquellos que nos llenan de temores, de ansiedades, nos deprimen. Son los que nos dejan, de alguna manera, paralizados, con una sensación constante de malestar; son poco adecuados y muchas veces adquieren carácter repetitivo u obsesivo; dan vuelta y giran continuamente sobre nuestra mente.

Cuando los observamos de cerca resulta que estos pensamientos se alejan de la realidad, son muchas veces previsiones sobre un futuro que jamás se dará, o si se da sobre la realidad adquiere una dimensión diferente a la imaginada.

Popularmente atienden a esa frase que dice:

—Te pones el parche antes de que te salga el grano.

Parte de nuestra actividad mental la pasamos haciendo previsiones negativas con temores y ansiedades sobre el futuro. Este tipo de actividad mental negativa en el fondo es improductiva.

Es más, si las previsiones que hacemos sobre el futuro fueran tal y como las imaginamos sería lamentable vivir las cosas dos veces y sufrir por ellas con igual intensidad.

Lo malo de toda esta actividad es que por ella se paga un precio: sentirnos mal, caer en la depresión, en la ineficacia...

Tenemos que aprender a observar qué carácter tienen nuestros pensamientos negativos. Cuando nos levantamos por la mañana, qué pensamientos son los que me asaltan; cuando me enfrento a cientos de situaciones diarias, qué tipo de cosas pienso. ¿Cómo son esos pensamientos?

Tenemos que detectar cómo fluyen en su naturaleza negativa. Estaría bien hacer una reflexión escrita durante un tiempo, realizando una lista de los pensamientos negativos que me abordan frecuentemente, y tratar de dilucidar si son adecuados o no, si se tornan repetitivos; aclarar el sentimientos que transportan, si se adaptan a la realidad o se alejan de ella, si son improductivos y, principalmente, si producen ansiedad y un exceso de preocupación.

Se trata de que nos conozcamos en el ámbito de los pensamientos y la carga psicológica que transportan. Nos hacemos tal como nos imaginamos a nosotros mismos.

2. *Parar los pensamientos negativos*

Si conozco el carácter de la naturaleza mental que porto. Si he detectado que mi mente está continuamente, o en un grado muy elevado, rumiando pensamientos negativos, es necesario que intente parar esa actividad mental negativa y transformarla en una actividad mental positiva.

Es verdad, resulta más fácil decirlo que hacerlo, pero se puede llevar a cabo. Para eso es necesario que nos entrenemos y seamos pacientes y constantes en nuestro esfuerzo.

Una vez que somos capaces de observar cómo fluyen nuestros pensamientos, y somos plenamente conscientes al determinar que nuestro pensamiento es negativo, o el flujo general de los mismos, hay que pasar a la acción.

Simplemente podemos cortar en el justo momento en que aparece la actividad mental negativa con decirnos:

—¡Basta ya! —interiormente, que corte de inmediato el flujo de ese o esos pensamientos.

Este «*¡Basta ya!*» es simbólico y, a la vez efectivo, pues de lo que se trata es de desviar la atención de la actividad mental hacia otras cosas, como puede ser hacia pensamientos positivos.

Está muy claro que el aprendizaje más importante aquí es que mi mente se observe a sí misma y sea capaz de variar su actividad.

Parar nuestro proceso mental negativo no debe significar reprimir nuestro pensamiento. Hay que establecer una sutil diferencia en este sentido, pues, si vamos contra la naturaleza de nuestras propias pulsiones, podemos hacer que éstas se carguen aún más de efectos negativos.

Esto es lo que sucede con la represión. Sin embargo, nosotros lo que proponemos es dejar aflorar los propios pensamientos pero haciendo énfasis en aquellos que resulten positivos y no prestar atención a aquellos que lo inundan todo de energía negativa.

Se pueden emplear multitud de técnicas para cortar el flujo negativo de los pensamientos. Entre las más populares está la del empleo de técnicas de relajación. No se trata de que para cortar el flujo de un pensamiento negativo tengamos que estar media hora meditando o relajándonos.

Para relajarse con eficacia hay que entrenarse durante cierto tiempo, pero una vez aprendida esta técnica puede ser empleada en segundos y obtener unos resultados fabulosos.

Sin embargo, cuando me fluyen pensamientos negativos puedo sentarme y concentrar mi mirada en un objeto; o cierro los ojos y trato sólo de estar respirando concentradamente durante un tiempo, o me concentro en la tensión de todos los músculos de mi cuerpo y me relajo, o me cojo el pulso y estoy atento a ello...

Son muchas las maneras en que en un instante dado puedo parar el fluir de un pensamiento negativo.

3. Cambiar los pensamientos

Para cambiar mis pensamientos negativos por otros positivos es necesario que tenga conciencia ahora de cómo fluyen en mi vida pensamientos optimistas, alegres, esperanzadores, de carácter positivo.

Nada mejor que mi mente observe a mi mente para saber cómo se dispone esa naturaleza sobre mi actividad mental. Quizá sea bueno también hacer una lista de esos pensamientos positivos cuyas cualidades son las de hacerme *Sentir Bien,* darme seguridad, arrancar de cuajo los miedos y los temores y facilitan la efectividad sobre la vida: son las ilusiones, los proyectos, las alabanzas recibidas, el cariño y el amor a los demás.

Una vez que he cortado con el pensamiento negativo y he desconectado mi atención sobre ese flujo, trato de tener alguna idea positiva y comienzo a rumiar pensamientos de esa índole.

Con estos tres pasos se consigue una manera de controlar nuestra actividad mental negativa, de tal modo que podamos pasar de sentirnos mal a *Sentirnos Bien.*

Puedo también controlar situaciones que me producen angustia entrenándome mentalmente para descargarla de negativismo. A esto se le ha llamado *Técnica de Desensibilización Sistemática.*

En este caso, tenemos que trabajar con la mente aquello que me produce ansiedad. Se trata de acercarnos de una manera progresiva a la situación que me produce temor, pero recreándola en nuestra mente a través de visualizaciones, e ir transformando, poco a poco, lo que me produce ansiedad en algo neutro, e incluso en algo que represente todo lo contrario a su carácter negativo por experimentarla en su vertiente positiva.

De este modo nos vamos desensibilizando de nuestros temores:

1. Me relajo según ciertas técnicas

La relajación es un viejo saber, quizá sea la que nos prepara y nos pone en disposición de poder meditar; es decir, de poder contemplar la inmensidad de nuestro interior. ¿Qué es la relajación?

— Es un estado físico y psíquico que se opone a cualquier estado de tensión.

— Es una vivencia subjetiva de calma.

— Es un estado de reposo que se vive por la ausencia de actividad física y mental.

— La vigilancia psíquica, el temor, la ansiedad, quedan abolidos por un contemplarse, por un mirarse desde dentro, por un ser amable con uno mismo.

— Es un estado especial de conciencia que está a caballo entre el sueño y la actividad diurna que se llama estado sofroliminal.

— Con la relajación disminuimos a nivel físico el tono (que proviene del griego y significa tensión) de los músculos de todo el cuerpo dejándolos en reposo.

— A través de la relajación podemos vivir estados sugestivos que primeramente influyen en nuestra mente y después en nuestros cuerpos.

— La relajación evidencia la estrecha relación que existe entre el cuerpo y la mente.

— Lema sobre relajación: «hay que lograr mediante la relajación pasar de un HACER a un DEJAR DE HACER.»

— Es bueno entrenarse todos los días, al principio se suele emplear cierto tiempo pero luego se automatiza. Para comenzar hay que emplear unos 15 ó 20 minutos y seguir un mínimo de instrucciones.

Existen muchas técnicas de relajación, y no es el cometido de este libro explicarlas aquí, aunque en otras obras de esta colección las desarrollamos con mayor amplitud. Sin embargo, en síntesis deberíamos hacer lo siguiente:

— Adoptar una postura cómoda.

— El primer nivel de relajación que debemos dominar es el muscular. O sea, hacer disminuir el tono muscular en estado de reposo al mínimo posible.

— La dirección de la relajación va de la cabeza a los pies. En la cabeza relajamos la frente, los músculos alrededor de los ojos, boca y mandíbula. Seguimos por la nuca y el cuello; los hombros, brazos y manos. Pasamos a la espalda hasta la cintura. Seguimos por el vientre, luego las nalgas, y bajamos por las piernas hasta los pies. Vamos relajándonos a través de focalizar nuestra atención en la tensión que existe en nuestro cuerpo con el objetivo de disminuirla.

— Una vez que nos hemos relajado muscularmente, nos tenemos que centrar en una serie de vivencias:

1) La de respiración; lema: «*todo nuestro cuerpo respira*».

2) La vivencia de peso corporal: se trata de experimentar un estado sugestivo de que nuestro cuerpo pesa (tomar conciencia de ello), trata de producir vasodilataciones y mejorar el riego sanguíneo.

3) La vivencia cardíaca: experimentar el ritmo de nuestro corazón en un continuo latir. Lo primero que oímos en nuestra vida es el ritmo cardíaco de nuestra madre.

4) Vivencia de calor: centrarse en el plexo solar y experimentar un calor sugestivo que generalizaremos a todo el cuerpo menos a la cabeza.

5) Vivencia de frescor en la frente: mantener en nuestra frente mediante estado de sugestión, imágenes que nos recuerden esa sensación.

6) Pasar a otros niveles que tienen que ver con la meditación, la autoobservación y el control del pensamiento.

2. Trato de recrear con mi mente la situación que me produce ansiedad

Cuando en la relajación llegamos al último punto es posible empezar a desensibilizarnos de situaciones que nos producen temor y ansiedad. Esto se hace mediante la recreación de esa situación imaginándomela en la mente; luego hay que ir afrontándola de tal manera que en vez de experimentarla de modo negativo lo hagamos de forma positiva.

3. Manejo progresivo de esa situación a través de quitarle valor psicológico negativo

Poco a poco, y en sucesivas sesiones, hay que ir quitando a la situación esa sensación de miedo que puede producirnos, o de angustia, o de temor.

4. Poco a poco vamos desensibilizándonos ante esa situación hasta que adquiere un valor neutro

Finalmente, con las sesiones necesarias podemos llegar a una desensibilización suficiente como para poder afrontar en la vida real todos aquellos aspectos que hemos trabajado con estas sesiones.

CONTROL MENTAL
PARA SENTIRSE BIEN

La mente y su control nos pueden llevar a lograr *Sentirnos Bien*. Hay que tratar de controlar nuestra ebullición mental, de tal modo que situemos nuestra atención en el aquí y ahora, el máximo de tiempo posible. Hay que recuperar la «atención» perdida; muchas son las cosas que la perturban a diario (preocupaciones, deseos, angustias, necesidades). Habría que decir de cuando en cuando:

—¡Para y vive!

Habría que regresar y naturalizar nuestras vidas en un «aquí y ahora» más animal, más infantil. Deberíamos intentar vivir intensamente el presente, pues es la única realidad hacia la que estamos abocados.

La mente acumula una ingente cantidad de experiencias afectivas, emotivas, pensamientos, sensaciones, etc., que, si no controlamos de modo oportuno, pueden traducirse en conductas desadaptadas o estados psíquicos indeseables para la salud. El equilibrio psíquico está en el control mental.

El equilibrio mental (emocional, sentimental, cognitivo...) se puede lograr cuando la persona se trabaja interiormente. Existen muchas formas de hacerlo, desde las que nos proponen las religiones, hasta técnicas que son puramente experimentales, como el yoga, la meditación o la contemplación.

Tenemos que saber realmente quiénes somos mediante la autoobservación, y luego tratar de controlar los pensamientos, las emociones, los sentimientos. Hay que potenciar en nuestro interior todo aquello que tenga carácter positivo y transformar lo negativo en un proceso continuado hacia lo positivo.

Hay que aprender a observar y cambiar los propios procesos de la mente. La reflexión es una herramienta importante para tal fin.

La ansiedad, el estrés, la angustia se producen por descontrol de la mente, y suelen ser las manifestaciones de reacciones psicológicas inconscientes. Hay que desarrollar un sentido especial para poder prever nuestras reacciones mentales, pues muchas cosas se acumulan a partir de vivir situaciones psicológicas negativas a nivel de pensamiento.

La mente debe vigilar a la propia mente ante todo aquello que le lleve a la inseguridad, al malestar y la infelicidad. Hay que ser vigías de nuestros propios procesos mentales. Ésta es una forma terapéutica positiva de lograr estabilidad psíquica y sensación de *Sentirse Bien*. Ésta es una forma magnífica de ejercer la capacidad de autocontrol.

Hay que aprender a observar nuestros procesos de pensamientos y calificar su naturaleza para tratar de controlar aquellos que tengan carácter negativo (pensamientos improductivos) y transformarlos en experiencias psíquicas positivas.

Hay que enfrentarse a los temores y los miedos con resolución, para dominarlos y hacer de ello entes psíquicos que no tengan energía negativa en nuestras vidas (acciones o comportamientos). Todo esto no es fácil hacerlo, pero se mejorará en los resultados si partimos de aceptar esta filosofía general de la existencia y, por supuesto, será fuente de *Sentirse Bien*.

Una manera de control mental puede enumerarse con:
1.   Observar.
2.   Detener los pensamientos negativos.
3.   Cambiar los pensamientos.
4.   Desensibilización sistemática.

CAPÍTULO VII

ALGUNAS CONCLUSIONES FINALES PARA *SENTIRSE BIEN*

Nacemos para *Sentirnos Bien*. Pero sabemos que la trama de la vida no nos permite un estado psicológico lineal de bienestar. Así que aparece su contrario: *Sentirse Mal*. Pero tampoco la vida perpetúa ese estado negativo de modo estable y duradero; por eso, entre ambos polos nos movemos en la cotidianidad de la vida, como si el ser humano estuviera eternamente abocado a la síntesis.

Hasta el momento, hemos reflexionado sobre el alma humana para tratar de dilucidar en qué consiste eso de *Sentirse Bien,* y vemos que entre las manos tenemos un asunto de difícil explicación.

Sin embargo, la idea más importante que pudiera dilucidarse sobre tan larga reflexión consiste en creer que el núcleo central de la cuestión está en que el hombre logra mayores cotas de libertad y de felicidad cuando se descentra de sí mismo y sale al encuentro de los demás.

Reconocer al otro, y reconocerme a mí mismo, formando parte de la humanidad, es uno de esos sentimientos profundos que tocan el ámbito de lo sublime, pues, sin duda, en su continente está el amor y todas las posibilidades imaginables para ser feliz, que es lo mismo que entendernos como seres realizados y maduros en el ser.

Todo lo que se salga de ese encuentro entre los seres humanos queda vacío de esencia, no tiene significado ni sentido. Todo lo que vaya contra el respeto a la dignidad humana está desde su inicio yerto, no tiene futuro ni fin. Ni el individuo concreto ni la sociedad pueden, en esa situación, aspirar a *Sentirse Bien*. Así, deshumanizamos el mundo, se deshumanizan las sociedades y las culturas, se deshumaniza el individuo. Ningún hombre puede aspirar a *Sentirse Bien*.

En ese vaivén de *Sentirse Bien* y de *Sentirse Mal* es donde podemos hallar al hombre en su grandeza y en su miseria. ¿Qué sería de nosotros si siempre estuviéramos en un estado perpetuo de *Sentirnos Bien?*

No podría existir un camino de perfección, el proceso de evolución estaría acabado. Probablemente ésta sea la idea de gloria que predican muchas religiones. Por eso el hombre, que es un ser siempre inacabado, fronterizo, inmaduro, que nunca se encuentra totalmente autorrealizado, es un ser abocado a la búsqueda de la felicidad. Una felicidad que nunca llega a colmarse.

El ser humano está llamado a encontrar un paraíso perdido que nunca hallará, y realiza una búsqueda que sólo la muerte podrá detener sin que se hallan satisfecho sus aspiraciones.

Sólo la idea de Dios y la esperanza en un más allá pueden consolar su desfondamiento, su infelicidad, su anhelo de perfección y de dicha.

Pero esta imperfección de la vida, esa continua sed de felicidad, esa insaciable necesidad de *Sentirse Bien* es precisamente lo que hace humano al hombre, lo que le distingue de entre todos los seres vivientes. Su propia cruz es el acicate de su perfeccionamiento.

No estamos hablando de una idea banal ni sencilla. Los hombres, desde muy antiguo, creen que en la renuncia a las cosas del mundo y sus placeres, en el sufrimiento y la renuncia a la felicidad de la vida, existe un desarrollo profundo de la interioridad de la personalidad humana, de su espiritualidad.

Podemos creer que esto es una tontería, pero ésa es la esencia espiritual de muchas filosofías y religiones, tanto en Oriente como en Occidente.

No hace falta ser un asceta, un santón cualquiera, un ermitaño, para vivir los efectos que producen el sufrimiento y el dolor. Hace falta sólo ser humano y vivir la vida. Todos sabemos que de las cosas negativas se aprende. Al menos eso se dice con mucha frecuencia:

—No hay mal que por bien no venga.

El ser humano es alguien que está llamado tanto a la felicidad como a la infelicidad, al consuelo como al dolor.

El dolor no es baladí, no es gratuito, forma parte de la experiencia de la vida. Se nos impone con fuerza desde que nacemos, tenemos que aprender a admitirlo, a vivir con él.

Cuando nacemos, a muchos niños afortunados, ni siquiera la mayoría, se les intenta proteger contra todo dolor, y los padres obran como ángeles alrededor de sus criaturas tratando de encontrar la puerta que haga felices a sus hijos.

Pero el esfuerzo es inútil; en realidad hay que prepararlos para la vida, pues finalmente el dolor que produce la experiencia vital se abre inexorablemente para todo el ser que ha nacido.

De la infelicidad, del dolor, también el hombre aprende y mejora. Pero existe un gran peligro en intentar negar a la naturaleza humana esa precariedad, ese desfondamiento, esa imperfección.

Cuando nos negamos a ser infelices, cuando no admitimos el dolor, la posibilidad de *Sentirnos Mal,* rompemos con la ley natural que nos une a este mundo. Nos negamos a ser humanos. Cuando esto sucede, el hombre se repliega sobre sí mismo y comienza una búsqueda que gira alrededor de su propio ombligo.

Así, el hombre tiene un único objetivo: satisfacer su propio individualismo; se le ve impulsado hacia una búsqueda materialista de las cosas; no se tiene en cuenta quién está más allá de uno mismo, y se forma una sociedad alienada, loca, sin rumbo, sin destino, donde los demás no importan. En parte, eso es lo que está sucediendo hoy en nuestro mundo.

Si sólo estoy interesado en mi felicidad, en *Sentirme Bien* yo, como ser único, como ser exclusivo que tiene derecho por sí mismo a este don de la vida, jamás seré invitado al banquete de la felicidad, ni entraré en esa casa, por mucho que lo quiera y lo desee. Por mucho poder que tenga, económico o de cualquier otro tipo. Hay cosas sagradas en este mundo que el dinero no puede comprar.

De toda esta reflexión creo que debemos aprender algo muy importante. Si yo admito en mi alma que puedo ser infeliz, que el dolor es posible y que también es importante *Sentirse Mal,* he asimilado una gran sabiduría, pues estoy más preparado para salir del infortunio, del dolor y de la infelicidad, pero con una diferencia: seré más humano y comprenderé mejor esa idea de que el hombre es más sabio y más perfecto también gracias al dolor. No se trata de una filosofía de la resignación y de la tortura sino de la sabiduría y del perfeccionamiento interior.

Es una mujer inteligente y con sensibilidad. Hay en su alma un algo extraño, como una tristeza sutil que lo embargara todo. A veces, me gusta contemplarla en silencio durante largas horas mientras duerme. Ella quizá no sabe que estoy contemplándola en su misterio sutil para tratar de entenderla.

—¿Para qué vivir? —me dijo.

—Vivir para disfrutar. Vivir para respirar. Vivir para prosperar. Vivir para amar... —le dije.

—¡No me interesa! —contestó—. La vida es un asco. Me cuesta levantarme; no tengo ganas de vestirme. Sólo deseo estar quieta, inmutablemente quieta. No tengo ganas de hablar, sólo de estar así, quieta, sola, callada...

Y se encogió en la cama sobre sí misma en posición fetal. Me sentí desolado, pero continué contemplándola en silencio. Ella era una mujer especial que se había encerrado en sí misma y yo no sabía por qué razón. No se lo pregunté jamás.

—¡Estoy mal! —sollozó de repente abrazándome—. ¡No me dejes! Quiero estar así para siempre, abrazándote, sintiendo esta ternura. No quiero más, no deseo más.

Sus lágrimas resbalaron por sus mejillas y por las mías. Nunca había sentido con tanto abatimiento aquella humedad salada de otra persona sobre mi cara.

Viví su profunda ternura, aunque el misterio de su tristeza nunca pude entenderlo. Sabía que la quería, que mi amor hacia ella se elevaba por encima del entendimiento. Así que la contemplé muchas veces, pero nunca dije nada. Nunca retuve nada de ella, nunca poseí nada de su persona más allá de su piel.

Desde su ensimismamiento reconozco que me dio parte de una humanidad triste. Pero yo no vi en esa tristeza más que un camino humano de deseo. Un día desapareció de mi vida. No dijo nada, no se despidió, sencillamente se fue. Yo no hice nada, no dije nada, no intenté nada. Pero me dejó huérfano de su cálida y humana tristeza.

Sentirse Bien no significa que tengamos que renunciar a la trama de la vida. Es necesario que sintamos el sutil dolor que produce la naturaleza desfondada del hombre. De ese ser errante que ya no pertenece a la madre naturaleza sino a sus propios designios. Hay algo en la sutil tristeza humana que le hace ser un vagabundo en su propio mundo. No hay nada ni nadie que pueda satisfacerle plenamente.

Un amigo periodista me felicitó el cumpleaños, en cierta ocasión, con un poema, cuando, ya hace muchos años, leer poesía y escribirla era un ejercicio natural de muchos jóvenes, o al menos eso me parecía a mí.

«Quiero ser un ángel
salvajemente humano.
Sentir, golpe a golpe,
un latido tenebroso,
machacándome a fuerza de martillo
y grito,
las sienes desangradas.

Quiero ser pañuelo de adioses en el cielo,
y llevar conmigo la lluvia.
La lluvia que lave a fuerza de limpieza
toda maldad oculta,
todo rastro de lepra y gangrena,
todo cráneo custodiado por cirios de hielo...

Quiero estremecerme con la voz de un niño
y temblar con la dulce brisa del amor:
temblar como la góndola vegetal
que navega en el estanque...
Pero si yo nada puedo,
si me abandonan las fuerzas,
no olvides nunca
que quise ser un ángel
salvajemente humano.»

Estaba este poema escrito a bolígrafo sobre un papel amarillo por el tiempo —5 de octubre de 1974—, ya olvidado, con un título puesto por mi amigo Jesús D., que decía: «*Poema de la Esperanza. A mi amigo José González*».

Ése es el destino de los hombres, quizá el de ser ángeles, pero salvajemente humanos. Humanos. Salvajes. Ángeles.

Una hoja golpeó la cara del viejo mientras echaba un vistazo a su alrededor. Era otoño, y estaba allí por algo, acurrucado en el basar de un viejo puente a las afueras de la ciudad.

En realidad, estaba acosado por la soledad del vagabundo. Se llevó a la boca una botella de vino y dio un sorbo hondo y seco. Notó que estaba muy borracho. Al mirar al cielo quiso encontrar su viejo mundo en el fondo infinito de las estrellas. Se sintió sólo y perdido ante tanta inmensidad. Él era el rey de los magos. Señaló una estrella y dijo:

—¡De ahí vengo yo! Yo soy el rey de las estrellas.

Los seres humanos pretendemos una cierta realeza de especie, remontándonos sobre la naturaleza, y en nuestra borrachera interior hallamos algo de mágico en nuestro funcionamiento, en nuestra propia libertad, y sufrimos y gozamos de la indefinición humana.

Mirando millones de posibilidades sobre un fondo infinito de estrellas. Somos como ese viejo vagabundo, pescadores de ilusiones dentro de un inmenso y basto misterio.

Aquella maniática costumbre, obsesiva, abrumaba el alma de Aristóteles. Era su tenaz actitud a pensar. El siglo desgajaba el último año, y un milenio estaba a punto de comenzar. Sintió que había algo que moría melancólica y tristemente. Nada nuevo existía bajo el sol. Aquello tratábase de un simple pensamiento del alma del filósofo Aristóteles. Existía en los hombres una inicua sensación de novedad y sentenció:

—¡El mundo es una cloaca!

Pero no todo lo que observaba Aristóteles se le antojaba ruin y bajo, aunque las cosas volvieran a la misma quietud, siglo tras siglo, milenio tras milenio...

El hombre es un ser de reflexión sobre sí mismo. Es un ser desfondado.

—El hecho de que el ser humano carece de una base naturalmente dada, de una vez para siempre, desde la cual comprender y comprenderse, valorar y optar, es lo que denominamos exactamente desfondamiento.

Escribió J. L. Cencillo hace ya algunos años, en un libro titulado «*Método y Base Humana*», que ahora, en las manos de Aristóteles, lucían las hojas amarillentas por el tiempo. Y es que el ser humano se tiene que crear su propio fondo sobre el que pisar. Tiene que lograr darse sentido a sí mismo, o en otro caso no encontraría su lugar ni tendría razón de ser.

«*Demasiado trabajo* —pensó Aristóteles— *para la pobre humanidad.*»

Pero aquello que pareciera un defecto luego fue una virtud. El hombre desfondado en su creación encuentra la grandeza de su propia naturaleza, y lo que era debilidad ahora se torna fortaleza. La infelicidad se hace felicidad, el dolor se vuelve consuelo.

«*—El conocimiento, la creatividad cultural, la conciencia ética y la libertad (esas propiedades exclusivamente humanas, precisamente) son consecuencia inmediata del desfondamiento.*»

Leyó Aristóteles en el libro de Cencillo, quedando admirado por el concepto de desfondamiento y las posibilidades de lo que se presumía como un déficit de lo humano.

Y siguió leyendo:

«*El hombre resulta así una especie de "absoluto" precario en busca de sí mismo, en condiciones que desconoce. Absolutamente todo flota en la indeterminación y la ambivalencia radicales del desfondamien-*»

to humano. Por eso la historia evoluciona y el mundo se va transformando indefinida e imprevisiblemente.
—¡El hombre es capaz de inventarse a sí mismo! — exclamó Aristóteles como si hubiera descubierto la pólvora.
Esto explica esas sensaciones que tenemos los humanos por nuestra infelicidad perenne. Quizá ese ansia trágica de la vida sólo sea nuestra forma de ser humanos. No podemos entonces ser radicalmente felices porque el hombre es un ser inacabado, en continua construcción, en continua evolución. Por eso, lo máximo que podemos hacer es aspirar a ser felices y, al serlo, volvemos a perdernos en la inseguridad y el desfondamiento.»

Aristóteles meneó la cabeza de un lado para otro. Ser humano era muy atractivo por sus inmensas posibilidades. El hombre podía construirse a lo largo de los tiempos, de los siglos y de los milenios, en muchas direcciones positivas y negativas. Y aun así, pensó Aristóteles, lo que realmente importa del hombre es su presente. No lo define ni su pasado ni su futuro, aunque le condicionen. Es lo que es aquí y ahora.

«—Más paradójico resulta el hecho de que no sólo la historia pasada, sino el proyecto de historia futura determine tan decisivamente el modo concreto de ser el hombre en el presente.»

Leyó entusiasmado Aristóteles en el amarillento libro de Cencillo, mientras pensó en el presente como un reactor energético que no pudiera nunca parar. El presente no existe, ya se fue. Estamos de nuevo en el presente que ya se fue. Es como la idea de Heráclito cuando observaba el agua de un río desde un puente y tuvo la idea del devenir continuo de todas las cosas.

—*Es lógico, la felicidad, el* Sentirse Bien, *debe estar sujeta a la misma norma del eterno devenir* —dijo Aristóteles para sus adentros mientras decidía que los hombres eran como marionetas del destino. Y determinó dejar de pensar por este día.

«*Cuando no hay alegría el alma se retira a un rincón de nuestro cuerpo y hace de él su cubil. De cuando en cuando da aullidos lastimeros o enseña los dientes a las cosas que pasan. Y todas las cosas nos parece que hacen camino rendidas bajo el fardo de su destino y que ninguna tiene vigor bastante para danzar con él sobre los hombros. La vida nos ofrece un panorama de universal esclavitud. Ni el árbol trémulo, ni la sierra que incorpora vacilante su pesadumbre, ni el viejo monumento que perpetúa en vano su exigencia de ser admirado, ni el hombre, que, ande por donde ande, lleva siempre el semblante de estar subiendo una cuesta, nada. Nadie manifiesta mayor vitalidad que la estrictamente necesaria para alimentar su dolor y sostener en pie su desesperación.*

Y además, cuando no hay alegría, creemos hacer un atroz descubrimiento. Muy especialmente si la falta de alegría proviene de un dolor físico percibimos con extraña evidencia la línea negra que limita cada ser y lo encierra dentro de sí, sin ventanas hacia fuera, como Leibniz decía, pero sin el infinito que este hombre contento metía dentro de cada uno. Éste es el descubrimiento que hacemos por medio del dolor como por medio de un microscopio: la soledad de cada cosa.

Y como la gracia y la alegría y el lujo de las cosas consisten en los reflejos innumerables que las unas lanzan sobre las otras y de ellas reciben —las sardanas que bailan cogidas todas de las manos—, la sospecha de su soledad radical parece rebajar el pulso del mundo. Se apagan las reverberaciones que refulgían en sus flancos; nada suena ni resuena; las gargantas son mudas, los oídos sordos y el aire intermedio, como paralítico, es incapaz de vibrar. Lo demás es fantasmagoría, fiesta irreal de luz prendida un instante sobre las largas nubes vespertinas —pensamos—. Y ya es casi un goce de nuestra falta de alegría perseguir con la mirada la espalda curva, rendida, de cada cosa que sigue su trayectoria solitaria. Y presentimos que hay donde quiera oculto un nervio que alguien se entretiene en punzar rítmicamente. En la estrella, en la ola marina, en el corazón del hombre da su latido a compás el dolor inagotable...»

El espectador
J. Ortega y Gasset

Hemos hablado del sentido del humor, y pocas cosas hemos dicho sobre la alegría, aunque ésta, como la sonrisa, la risa y el humor, parten del centro del alma humana, y es un canto en sí mismas a la vida.

Ortega y Gasset describe, en el pasaje anterior, la ausencia de la alegría, y su significado en términos de soledad y decrepitud. Es curioso, pero son los niños los seres humanos más alegres del mundo. Alguien podría pensar que se debe a su falta de responsabilidad, aunque la verdad apunta a que, incluso en medio del dolor, los niños son capaces rápidamente de recuperar la alegría.

La alegría está asociada a la vitalidad y a la disposición positiva de las cosas. Es un estado de ánimo interior que nos mueve y nos abre la posibilidad hacia la circunstancia de *Sentirnos Bien*.

Hay que tratar de que la alegría esté en el interior de nosotros el máximo de tiempo posible, pues supone un estado vital. La infancia es una referencia necesaria para entenderla.

> *«¡Qué alegre son las notas*
> *que salen de tu guitarra,*
> *cómo alegran el corazón*
> *ebrio de tanto quererte!*
>
> *¡No habrá tumba que entierre*
> *tanta dicha!*
> *¡Qué alegre es el amor, mujer,*
> *de tus callados besos!»*

La alegría es una emoción básica, es como si la vida necesitase afinar su melodía con ella. Está en el interior de los animales, en el verdor de las plantas, en el movimiento, en el aire, en el Sol y en la Luna.

La alegría es una experiencia vital, es el cauce natural del río hacia el que siempre debemos regresar después de estar en los mares y los océanos de la vida. El ser humano necesita de la alegría, si no, no somos nada ni nadie.

En este sentido, los adultos debemos aprender de los niños. ¡Es tan difícil que un niño pierda su alegría! Y si la pierde es que algo muy grave está fallando en el mundo. No es posible ni *Sentirse Bien* ni ser feliz sin la alegría. Ella es la savia de todas las emociones, la sangre del amor.

La risa, el humor, la sonrisa son las caras de la alegría, su luz, su resplandor. La alegría es el canto más sutil de la vida, su faz más amable.

No debemos olvidar que la alegría se expresa, nace, es algo natural. Si la perseguimos, en el sentido de forzarla, surge en nosotros como una maldición. No hay nada más falso que alguien aparentando una alegría que no tiene.

La alegría se gana también desde el interior. Requiere esfuerzo, autodisciplina, ganas, ilusión y principalmente mucho amor.

Ya para finalizar, hace muchos años leí, como casi todos los lectores, la vieja y anónima desiderata encontrada en la iglesia de Saint Paul, en Baltimore, y que fue escrita por el año 1693.

Es un magnífico consejo a la humanidad, que a mí siempre me acompañó, y que en una obra como ésta me gustaría recordar al amable lector. Es un mensaje viejo de autoayuda y reflexión siempre actual sin tiempo ni lugar.

«Anda plácidamente entre el ruido y la prisa, y recuerda qué paz puede haber en el silencio. Vive en buenos términos con todas las personas, todo lo que puedas sin rendirte. Di tu verdad tranquila y claramente; escucha a los demás, incluso al aburrido y al igno-

rante, ellos también tienen su historia. Evita las personas ruidosas y agresivas, sin vejaciones al espíritu. Si te comparas con otros, puedes volverte vanidoso y amargo; porque siempre habrá personas más grandes y más pequeñas que tú. Disfruta de tus logros así como de tus planes. Mantén el interés en tu propia carrera, aunque sea humilde; es una verdadera posesión en las cambiantes fortunas del tiempo. Usa la precaución en tus negocios, porque el mundo está lleno de trampas. Pero no por eso te ciegues a la virtud que pueda existir; mucha gente lucha por altos ideales, y en todas partes la vida está llena de heroísmo. Sé tú mismo. Especialmente no finjas afectos. Tampoco seas cínico respecto del amor; porque frente a toda aridez y desencanto el amor es perenne como la hierba. Recoge mansamente el consejo de los años, renunciando graciosamente a las cosas de la juventud. Nutre tu fuerza espiritual para que te proteja en la desgracia repentina. Pero no te angusties con fantasías. Muchos temores nacen de la fatiga y la soledad. Junto con una sana disciplina, sé amable contigo mismo. Tú eres una criatura del universo, no menos que los árboles y las estrellas; tú tienes derecho a estar aquí. Y, te resulte evidente o no, sin duda el universo se desenvuelve como debe. Por tanto, mantente en paz con Dios, de cualquier modo que lo concibas y cualesquiera que sean tus trabajos y aspiraciones; mantén en la ruidosa confusión paz con tu alma.

Con todas sus farsas, trabajos y sueños rotos, éste sigue siendo un mundo hermoso. Ten cuidado, esfuérzate en ser feliz.»

ÍNDICE